MARCO POLO

TSCHECHIEN

Reisen mit Insider Tipps

> Das kleine Herz Mitteleuropas hat
> seine vielen historischen Ortskerne
> schnieke herausgeputzt, und Prag
> ist zur internationalen Metropole
> an der Moldau geworden.
> *MARCO POLO Autoren*
> *Monika Angerer-Herda*
> *und Jürgen Herda*
> (siehe S. 147)

W0188616

Spezielle News, Lesermeinungen und Angebote zu Tschechien:
www.marcopolo.de/tschechien

TSCHECHIEN

> SYMBOLE

 MARCO POLO INSIDER-TIPPS
Von unseren Autoren für Sie entdeckt

⭐ **MARCO POLO HIGHLIGHTS**
Alles, was Sie in Tschechien kennen sollten

🔅 SCHÖNE AUSSICHT

🛜 WLAN-HOTSPOT

▶▶ HIER TRIFFT SICH DIE SZENE

> PREISKATEGORIEN

HOTELS
€€€ über 65 Euro
€€ 35–65 Euro
€ unter 35 Euro
Die Preise gelten für zwei Personen im Doppelzimmer mit Frühstück

RESTAURANTS
€€€ über 13 Euro
€€ 7–13 Euro
€ unter 7 Euro
Die Preise beziehen sich auf ein dreigängiges Menü ohne Getränke

> KARTEN

[128 A1] Seitenzahlen und Koordinaten für den Reiseatlas Tschechie
[U A1] Koordinaten für die Karte zu Prag im hinteren Umschlag

Karten zu Brno (Brünn), Karlovy Vary (Karlsbad), Olomouc (Olmütz) und Plze (Pilsen) finden Sie auf den Seiten 140/141

Zu Ihrer Orientierung sind auch die Orte mit Koordinaten versehen, die nicht im Atlas eingetragen sind

🟥 **DIE BESTEN MARCO POLO INSIDER-TIPPS** .... **UMSCHLAG**
🟧 **DIE BESTEN MARCO POLO HIGHLIGHTS** **4**

🟦 **AUFTAKT** **6**
🟦 **SZENE** **12**
🟦 **STICHWORTE** **16**
🟦 **EVENTS, FESTE & MEHR** **22**
🟦 **ESSEN & TRINKEN** **24**
🟦 **EINKAUFEN** **28**

🟥 **WESTBÖHMEN** **30**
🟩 **NORDBÖHMEN** **44**
🟪 **MITTELBÖHMEN** **50**
🟩 **SÜDBÖHMEN** **58**
🟧 **OSTBÖHMEN** **74**
🟨 **SÜDMÄHREN** **80**
🟥 **NORDMÄHREN** **90**

INHALT

> SZENE

S. 12–15: Trends, Entdeckungen, Hotspots! Was wann wo in Tschechien los ist, verrät die MARCO POLO Szeneautorin vor Ort

> 24 STUNDEN

S. 108/109: Action pur und einmalige Erlebnisse in 24 Stunden! MARCO POLO hat für Sie einen außergewöhnlichen Tag in Südböhmen zusammengestellt

> LOW BUDGET

Viel erleben für wenig Geld! Wo Sie zu kleinen Preisen etwas Besonderes genießen und tolle Schnäppchen machen können:

Billig-Safari S. 36 | Hüttenzauber S. 49 | Logenplatz in Prag S. 56 | Billig baden in Böhmen S. 78 | Kurioses kostengünstig S. 64 | Köstliche Weinverkostung S. 84 | Schmalspurbahn für schmale Börsen S. 97 |

> GUT ZU WISSEN

Was war wann? S. 10 | Spezialitäten S. 26 | Im Bäderdreieck S. 38 | Blogs & Podcasts S. 41 | Böhmische Dörfer S. 68 | Bücher & Filme S. 94 | Partymeile in Ostrava S. 101

AUF DEM TITEL
Die geheimnisvollen Gewölbe von Pilsen: ein spannender Besuch in den Katakomben der Stadt S. 42 Shoppingparadies Prag S. 55

AUSFLÜGE & TOUREN **102**

24 STUNDEN IN SÜDBÖHMEN **108**

SPORT & AKTIVITÄTEN **110**

MIT KINDERN REISEN **114**

PRAKTISCHE HINWEISE **118**

SPRACHFÜHRER **122**

REISEATLAS TSCHECHIEN **126**

KARTENLEGENDE REISEATLAS **142**

REGISTER **144**

IMPRESSUM **145**

UNSERE AUTOREN **147**

BLOSS NICHT! **148**

ENTDECKEN SIE TSCHECHIEN!

Unsere Top 15 führen Sie an die traumhaftesten Orte und zu den spannendsten Sehenswürdigkeiten

Die Highlights sind in der Karte auf dem hinteren Umschlag eingetragen

 Prager Theaterfestival der deutschen Sprache
Mitte November besetzen renommierte Ensembles die Bühne des Theaters an den Weinbergen (Seite 23)

 Promenade
Dem etwas vergilbten, aber dadurch ganz besonderen Charme von Karlsbad verpasst die Promenade einen modernen, ein wenig globaleren Anstrich (Seite 35)

 Plzeňský prazdroj
In der Brauerei Prazdroj erfährt man bei einer Führung, wie das berühmte Bier Pilsener Urquell gebraut wird, und natürlich auch, wie es schmeckt (Seite 42)

 Labské pískovce
Das Elbsandsteingebirge ist ein Naturparadies mit bizarren Felsen, tiefen Wäldern und der hier noch rauschenden Elbe (Seite 48)

 Petřin-Aussichtsturm
Die Übersicht behält man von der Eiffelturmkopie auf dem Prager Petřin-Hügel (Seite 54)

 Karlštejn
Das in Stein gehauene Machtsymbol Kaiser Karls IV. – eine Schlossanlage wie aus dem Bilderbuch (Seite 57)

 Náměstí Přemysla Otokara II.
Der Budweiser Marktplatz sorgt mit Arkaden und Cafés für mediterranes Flair in Südböhmen (Seite 60)

> DIE BESTEN MARCO POLO HIGHLIGHTS

★ Český Krumlov
Einzigartig: Hier ist das komplette Altstadtgefüge einer Renaissancestadt erhalten geblieben (Seite 62)

★ Museum des Animationsfilms
Im Wasserschloss Kratochvíle ist alles versammelt, was im tschechischen Trickfilm einen Namen hat (Seite 70)

★ Muzeum východních Čech
Originelle Ausstellungen in einem sehenswerten Sezessionsbau im ost- böhmischen Hradec Králové (Seite 76)

★ Pernštejnské náměstí
Der völlig intakte Platz in Pardubice ist das Aushängeschild dieser in der Renaissance entworfenen Musterstadt (Seite 78)

★ Villa Tugendhat
Bauhausstar Mies van der Rohe hat in Brünn ein Denkmal der architek- tonischen Avantgarde hinterlassen (Seite 83)

★ Walachisches Freilichtmuseum
Dörfliches Leben vor der Industrialisie- rung – in Rožnov pod Radhoštěm in Szene gesetzt (Seite 93)

★ Olomouc (Olmütz)
Als Nordmährens Kulturzentrum ist die prunkvolle alte Bischofsstadt unangefochten (Seite 95)

★ Naturpark Český ráj
Das Böhmische Paradies im Norden zieht mit seinen zerklüfteten Felsen Kletterfreunde an (Seite 102)

WAS FÜR EIN LAND!

AUFTAKT

> Die Überraschung steht den Gästen ins Gesicht geschrieben: „Das ist ja eine internationale Weltstadt – noch dazu eine der schönsten Europas." Komplimente wie dieses hört man oft, wenn man sich mit Prag-Besuchern unterhält. Vielen ist unser Nachbar auch knapp 20 Jahre nach der Grenzöffnung fern geblieben. Dabei liegt das Gute so nah: Nicht nur die Metropole an der Moldau, auch Tausende von pittoresken Städtchen, Burgen und Schlössern haben sich seit 1989 fein herausgeputzt. Tschechien ist zurückgekehrt, wo es unbemerkt immer war: im Herzen Europas und weit weg vom Klischee der grauen Tristesse.

> Am Anfang war der Čech. Und als er von den böhmischen Bergen herunterblickte, sah er ein Augenparadies: „Gewässer donnern in den Auen, auf den Felsen summt der Tann." So verkündet es die tschechische Nationalhymne. Im kleinen gelobten Land des Urvaters blühten seit jeher Märchen und Sagen. Die tschechischen Literaten und Regisseure beschenkten die Welt mit unvergesslichen Schnurren: angefan-

Dieses kulturelle Erbe hat in dem aus den historischen Ländern Böhmen

> **Ein Land, in dem Märchen und Sagen blühen**

und Mähren-Schlesien entstandenen Staat seine Spuren hinterlassen. Die Suche nach dem Kern, der die tsche-

Der Marktplatz von Budweis mit seinen fast mediterran anmutenden Arkadenhäusern

gen beim Prototyp des künstlichen Menschen, dem Golem, geschaffen von Rabbi Löw und in der Literatur verewigt von Gustav Meyrink, über die sprechenden Molche des Utopisten Karel Čapek bis hin zu Fernsehlieblingen von Kindern rund um den Globus – Pan Tau, dem kleinen Maulwurf und der Märchenbraut.

chische Welt in ihrem Innersten zusammenhält, verläuft wie K(afka)s Sturm auf das Schloss: über eine Vielzahl von erschöpfenden Wanderpfaden zu verwunschenen Märchenschlössern. Böhmische Dörfer, mährische Burgen und schlesische Städte formieren sich vor dem inne-

> *www.marcopolo.de/tschechien*

ren Auge zu einem Panorama, das von einer Laterna magica an die Wand geworfen sein könnte: surreal und zutiefst tschechisch.

Den Kristallisationspunkt der fantastischen Seele Tschechiens findet man im südböhmischen Wasserschloss Kratochvíle. Hier präsentiert „Kurzfilm Prag" einen Querschnitt durch den Animationsfilm von seinen Anfängen bis zur Gegenwart, und man kann anschaulich nachvollziehen, warum der tschechische Trickfilm Weltruhm erlangte. Wenn Disneyland in seiner Naivität den amerikanischen Traum verkörpert, steht Kratochvíle für die hintersinnig-böhmische Neuschöpfung der Welt.

Mit einer Fläche von rund 78 000 km^2 und einer Einwohnerzahl von gut 10 Mio. Bürgern ist die Tschechische Republik mit dem Freistaat Bayern zu vergleichen. Die sieben Regionen Nord-, Ost-, Süd-, West-, und Mittelböhmen plus Prag sowie Nord- und Südmähren sind keine gewachsenen politischen oder kulturellen Einheiten. Die Kleinheit des Landes und der Pragozentrismus haben föderalistische Strukturen verhindert.

In Nordböhmen existieren neben trostlosen Industrierevieren herrliche Naturreservate. Seinem Namen alle Ehre macht das Böhmische Paradies – wildromantische Wanderwege führen über skurrile Felsformationen an versteckten Burgen vorbei. Die Region Westböhmen setzt sich landschaftlich aus dem Becken des Egerlandes im Nordwesten, den zahlrei-

chen Mineralquellen des Bäderdreiecks und dem Pilsener Becken zusammen. Das traditionell verwöhnte Publikum Karlsbads, Marienbads und Franzensbads findet zahlreiche Sport- und Freizeitmöglichkeiten der gehobenen Klasse. Im Zentrum Mitteleuropas aber liegt die goldene Stadt Prag. Als die „Mutter der Städte", „das hunderttürmige Prag", „ein Diadem am Hals Europas" wurde die Moldau-Metropole bezeichnet. Die Prager selbst drücken sich prosaischer aus, wenn sie lakonisch reimen: „V Praze je blaze – in Prag fühlt man sich wohl". Das be-

> *Im Zentrum Mitteleuropas liegt die goldene Stadt Prag*

legen jährlich 20 Mio. Touristen, die das schönste Panorama Europas vom Hradschin aus bewundern. Wie das ewige Rom umgeben auch die tschechische Hauptstadt sieben Hügel, die sich um ein historisches Ensemble mit architektonischen Glanzleistungen vom Mittelalter bis zur Gegenwart gruppieren. Mitten durch diese städtische Schönheit fließt die von Bedřich Smetana sinfonisch verewigte Moldau, deren acht Inseln die Liebe der Tschechen zum grenzenlosen Meer versinnbildlichen.

In Südböhmen gibt es unberührte Wälder, die hin und wieder von einer Seenlandschaft unterbrochen werden, dazwischen gestreute Renaissancestädtchen mit mediterranen Marktplatzarkaden, großzügig über die grünen Hügel verteilte Burgen, aber auch urbanes Leben in der süd-

WAS WAR WANN?

14. Jh. Als Karl IV. 1355 römischer Kaiser wird, steigt Prag zur Hauptstadt des alten Europa auf

16. Jh. Krönung des ersten Habsburger-Kaisers Ferdinand I. 1527 zum böhmischen König

17. Jh. Der Widerstand der protestantischen Stände gegen die Habsburger löst den Dreißigjährigen Krieg aus

1918 „Befreierpräsident" Tomáš G. Masaryk zieht umjubelt in Prag ein, Ausrufung der Ersten Republik

1938–45 Nach dem Münchner Abkommen von 1938 besetzen deutsche Truppen das Sudetenland. Im März 1939 besetzt Hitler die sogenannte Restschechei, die er in „Protektorat Böhmen und Mähren" umtauft

1945–48 Die berüchtigten Beneš-Dekrete führen unter anderem zur Vertreibung der Sudetendeutschen. 1948 übernimmt die KP die alleinige Macht

1948–68 Nach stalinistischen Säuberungen und dem Tod Stalins setzt Anfang der 60er-Jahre ein Tauwetter ein, das unter Alexander Dubček in den Prager Frühling mündet. 1968 beenden die Truppen des Warschauer Pakts den „Sozialismus mit menschlichem Antlitz"

1989–92 Studentendemonstrationen lösen einen friedlichen Volksaufstand aus. Präsident Gustav Husák tritt zurück, später die gesamte Regierung. Václav Havel zieht als Präsident in die Burg ein

1993 Friedliche Teilung der ČSSR in Tschechien und Slowakei

2004 Die Tschechische Republik tritt der EU bei

böhmischen Universitätsstadt České Budějovice. Zwischen dem Adlergebirge an der nordöstlichen Landesgrenze und der sanften Hügellandschaft der Böhmisch-Mährischen Höhe breitet sich das ehemalige Jagdrevier des ostböhmischen Adelsgeschlechts derer von Pernstein aus. Sie hinterließen der Region zahlreiche Jagdschlösser sowie Pardubice, die mustergültige Idealanlage einer Renaissancestadt.

Nordmährens Facetten reichen vom hektischen Großstadttreiben im Städtekonglomerat Ostrava bis zur ländlichen Einsamkeit des Kuhländchens. Kilometerlange Alleen führen in den hintersten Zipfel Nordmährens, zum Altvatergebirge. Malerische Kleinstädte mit fast südländischem Charme verführen zu ausgedehnten Weinproben in den südmährischen Winzerhochburgen um Mikulov und Znojmo. Zu den charakteristischen Landschaften Südmährens gehören die 30 km breite, fruchtbare Haná-Ebene südlich von Olmütz und das südmährische Hügelland zwischen Znojmo und Brünn, dessen sonniges Klima und fette Böden die Weinkultur dieser Gegend zur Blüte brachten.

In den Tausenden von Schlössern und Burgen Tschechiens, in den historischen Städten und den böhmischen Dörfern wurde von Přemysliden-Königen und Habsburger Kaisern, von tschechoslowakischen und tschechischen Staatsmännern europäische Politik maßgeblich mitgestaltet. Hier wurden von tschechischen Malern, österreichischen Bildhauern und italienischen Architekten böhmische Varianten für europäische Kunstentwicklungen gefunden und

> **Böhmen prägte den Lebensstil des Bohemiens**

ein Epoche machender Lebensstil geprägt: der des Bohemiens.

türlich nur einen kleinen Teil der Wirklichkeit. Doch selbst in ihrem politischen Widerstand beweisen die Tschechen ihre Liebe zur Metapher, zum Fantastischen; so, als der traditionelle Königsritt zu einer Demonstration gegen die Nazis geriet. Ähnliches wiederholte sich in den kreativen Formen der Sabotage 1968 nach

30 Statuengruppen wachen seit dem 14. Jh. über die Prager Karlsbrücke

Die jahrhundertelange Abgrenzung der Böhmen tschechischer Zunge von den einflussreichen Deutschböhmen führte zum Klischee des gewieften, lebenslustigen Tschechen, der die steifen Deutschen und Österreicher an der Nase herumführt, sie umarmt, wenn er sie schon nicht besiegen kann – wie es der brave Soldat Švejk listig vorgemacht hatte. Wie jedes Klischee, trifft auch dieses natürlich der Besetzung der ČSSR durch die Warschauer-Pakt-Staaten und gipfelte 1989 in der samtenen Revolution, deren Schaltzentrale das surrealste Theater Prags, die „Laterna magika", war. War es nicht auch ein modernes Märchen, dass der prominenteste Häftling des kommunistischen Regimes, Václav Havel, zum Präsidenten der zweiten demokratischen Republik gewählt wurde?

▶▶ WAS IST ANGESAGT?

Trends, Entdeckungen und Hotspots! Unser Szene-Scout zeigt Ihnen, was in Tschechien los ist

Nadja Sagstetter

verbrachte den Großteil ihrer Jugend in der tschechischen Republik. Zurzeit studiert sie in Deutschland und pendelt zwischen den beiden Ländern. Wenn sie in den Semesterferien zurück in ihre Heimat kommt, stürzt sie sich am liebsten mit ihren Freunden in den aufregenden Szenedschungel von Prag oder hilft auf der *LamaDorádo*, der Lamafarm ihres Vaters, bei Führungen als Tourguide.

▶▶ MUSIK-MAGNETEN

Live, laut und immer open air

Die neuen Festivals rocken! Publikumsmagnet No. 1 ist das *Rock for People* in Hradec Kralove (www.rockforpeople.com, Foto), bei dem über 120 internationale Musiker die Zuschauer in Ekstase versetzen. Fans von Heavy Metal und Punk kommen auf dem *Trutnov Open Air Music Festival* voll auf ihre Kosten (www.festivaltrutnov.cz). *Respect* nennt sich das Festival für Ethno und World Music auf der Insel Štvanice (www.respectmusic.cz).

▶▶ PRAG PICKNICK

Freizeittrend in Tschechiens Haupstadt

Die Hauptstädter haben den Open-Air-Lunch für sich entdeckt. Hotspot der Picknickbegeisterten sind die Ufer der Moldau. Hier trifft man sich zum Essen, Trinken und Dösen. Wer es lauter liebt, geht zum *Smíchov Beach*. An dem künstlich angelegten Strand kühlt sich die Szene im Swimmingpool ab, spielt Beachvolleyball und feiert in der Bar (U Zvonařky 15, www.prazskaplaz.cz).

SZENE

▶▶ FEEL THE RHYTHM

Die Prager Szene tanzt Samba & Co.

Musiktechnisch fliegen die Tschechen auf Latin, vor allem aber auf die heißen Rhythmen Brasiliens. In Prag holen sich so zahlreiche Latin-Dance-Locations die Sonne und das Feeling Lateinamerikas nach Hause. Im *Euro Dance Center (Narodni trida 10 / Eingang Vorsilska)* kann jeder, der Lust hat, die Basics der lateinamerikanischen Dance-Philosophie verinnerlichen. Die derzeit angesagten Hotspots sind das *Tropicana – Latin American Night (Masarykovo nabrezi 250)*, die *Brixx Bar – La Habana (Misenska 12)* und der *Tropison Club Latino (Nám. republiky 8, www.tropison.com)*. Hier heißt es: Dance the night away! Hüfte und Beine werden nicht mehr zur Ruhe kommen. Was bei so einer Nacht auf keinen Fall fehlen darf, ist der In-Drink Mojito. Der leckere Cocktail aus Limetten, Rum, Minzblättern, Zucker und Eis wird überall serviert und vorzugsweise aus überdimensionalen Gläsern mit meterlangen Strohhalmen getrunken!

▶▶ UND ACTION!

Wasser, Wind und Wellen

Top-Reviere, verlässliche Winde und fast ganzjährig gutes Wetter sind die Garanten für den aktuellen Outdoor-Trend: Wassersport. Der Lipno-Stausee in Südböhmen zieht zum Beispiel die Segel-Szene an. Hier finden regelmäßig Welt- und Europameisterschaften statt. Die Windsurfer haben vor allem die Gebiete Kovářov und Černá v Pošumaví für sich

entdeckt. In-Treff sind der Surfshop *Lipno-Windsurfing (Černá v Pošumaví 139, www.lipno-windsurfing.cz)* – hier kann man die komplette Ausrüstung auch leihen – und der direkt am Seeufer gelegene Campingplatz *Jestřábí I (Tel. 380 74 40 17, www.cernavposumavi.cz)*. Wer eine Segelyacht oder einen Katamaran mieten will, wird bei *Ultava Cestovní Agentura* fündig *(Vltava Kájovská 62, Český Krumlov, www.ckvltava.cz)*.

▶▶ SLEEP WELL

Tradition trifft High-End-Design

Cooler Style muss her. Deswegen schießen in Prag die Designhotels geradezu aus dem Boden. Allen voran das neue *987 Design-Hotel*. Es liegt an der Grenze zwischen dem historischen und dem modernen Prag: Neu trifft auf Alt – das gilt sowohl für die Lage als auch für das Interior-Konzept *(Senovazne Namesti 15, www.987-praguehotel.com)*. Eine ähnliche Kombination bietet das *Hotel Neruda*, dessen Mauern aus dem 14. Jh. stammen. Hier werden alte Bruchsteine mit kräftigen Farben kombiniert *(Nerudova 44, www.hotelneruda-praha.cz)*. Highlight: die Terrasse im Innenhof mit alten Bäumen – eine Oase inmitten der Stadt. Das coole *Andel's Design Hotel*, das vom britischen Architekturbüro *Jestico + Whiles* gestaltet wurde, erhielt sogar den *FX International Design Award*. Die Einrichtung ist trendy und funktionell in Leder, Stahl, Holz und Glas gehalten *(Stroupeznickeho 21, www.andelshotel.com,* Foto*)*.

▶▶ OUTDOOR-ROMANTIK

Der Natur auf der Spur

Je ungewöhnlicher, desto besser! Diesem Motto folgt auch einer der neuesten Trends Tschechiens: Lamawanderungen. Die Nähe zu den Tieren wird auf den Lamafarmen großgeschrieben und damit der Ausflug ins Grüne ein Abenteuer. *LamaDorádo* bietet Waldwanderungen inklusive Picknick an *(Bernatice 33, Kolinec, www.sumavanet.cz/lamadorado,* Foto*)*. Eins zu werden mit Natur und Pferden ist auch das Hauptziel von Reittouren. Und das Ganze gleich für mehrere Tage. Am Abend knistert das Lagerfeuer, geschlafen wird unter freiem Himmel oder bei einem Bauern in der Scheune. Anbieter sind z.B. *Outdoor Wildnis* in Lindberg *(www.outdoor-wildnis.de)* und die *Green Valley Ranch* in Rozmberk an der Moldau *(www.wanderreiten.cz)*.

▶▶ OPEN MIND

Aktive Gay-Szene entsteht

Die Szene zeigt sich selbstbewusst. Go Public heißt der Trend, der viele neue Events und Locations hervorbringt. Sehr beliebt ist *Mezipatra*, Prags schwullesbisches Filmfestival *(www.mezipatra.cz)*. Bunt und schrill sind Gay-Clubs wie das *Termix*. In der kleinen Bar mit Tanzfläche wird gerne funky House und Dance gespielt *(Třebízského 4a, Prag 2, www.club-termix.cz)*. Das *Friends Prague* – in einem alten Kellergewölbe – ist superstylish mit Lichteffekten in Pink und Rot. Hier finden regelmäßig Mottopartys wie etwa die *Madonna Freedom Night* statt *(Bartolomějská 11, www.friends-prague.cz)*.

▶▶ VERJÜNGUNGSKUR

Ungewöhnliche Wellness

Überraschung in Sachen Wellness: Das Bier-Spa ist der neue Hit! Das schwarze Badbier wirkt nicht nur entspannend, sondern auch verjüngend. Witzig: In der schweißtreibenden Bierwanne kühlen sich die Gäste mit einem Schluck Bier ab. Immer mehr Brauereien haben den Trend erkannt und bieten diese Form von Wellness an, z. B. die Familienbrauerei *Chodovar* *(Pivovarská 107, Chodová Planá, www.chodovar.cz,* Foto*)* und das Minibrauhaus *Novosad & Syn Comapny (Harrachov 95, Harrachov, www.sklarnaharrachov.cz).*

▶▶ ALL NIGHT LONG

Entdeckungstouren im Dunkeln sind angesagt

Tschechien geht erst spät ins Bett. Ausflüge zu mitternächtlicher Stunde bringen die Nachtschwärmer auf den Plan. Highlight: die jährlich stattfindende *Nacht der Museen*, bei der über 50 Städte mitmachen und die Pforten ihrer Museen bis in die Morgenstunden offen halten *(www.cz-museums.cz)*. Außergewöhnliche nächtliche Sightseeingtouren werden z. B. auch in der *Burg Bouzov (Státní hrad Bouzov, Bouzov 8, www.hrad-bouzov.cz)*, im *Brauereimuseum Pilsen* – Verköstigung inklusive *(Veleslavínova 6, www.prazdroj.cz)* – oder im *Zoo Prag (U Trojského zámku 3/120, www.zoopraha.cz)* angeboten.

> DIE TSCHECHEN LIEBEN QUERDENKER

Eine alphabetische Gebrauchsanweisung für den tschechischen Way of Life

AHOJ

Am Anfang und Ende einer Begegnung grüßt man sich freundschaftlich mit *ahoj.* Dieser maritime Gruß geht weder auf einen geografischen Irrtum Shakespeares zurück, der Böhmen am Meer ansiedelte, noch auf Bohumíl Hrabal, der die Liebe der Böhmen zum Matrosenleben so bedichtete: „Die böhmischen Teiche sind Inseln im Meer der Erde." Nein, tschechische Rudersportler etablierten ihren Gruß um die Jahrhundertwende als damals letzten „Schrei".

EU-„LIGHT"

Seit 2004 ist Tschechien EU-Mitglied mit Einschränkungen: Der Arbeitsmarktzugang von tschechischen Bürgern und grenzüberschreitende Dienstleistungen können für maximal sieben Jahre verwehrt werden.

Bild: Prag, Altstädter Ring mit Jan-Hus-Denkmal

STICH WORTE

Seit Ende 2007 ist Tschechien Mitglied des Schengen-Raumes, es gibt also an den Grenzen keine Personenkontrollen mehr. Der Euro soll 2010 eingeführt werden.

GOLEM

Den Vorläufer von Frankensteins Monster schuf einer Legende nach der Prager Rabbi Löw. Der künstliche Mensch machte sich später selbstständig und terrorisierte das Getto. Gustav Meyrink erweckte in seiner literarischen Adaption das magische Prag und das im 19. Jh. abgerissene Judenviertel zu neuem Leben. Heute wird die unförmige Gestalt des Golems als Souvenir verkauft.

HUSSITEN

Der Böhme Jan Hus stieg zum bedeutendsten Reformator des Katholizismus auf und wurde nach dem Konstanzer Konzil von 1415 auf dem Scheiterhaufen verbrannt. Der Hussitismus beinhaltete nicht nur religiöse, sondern bereits soziale und nationale Emanzipationsbestrebungen, welche schließlich in die Hussitenkriege (1419–36) mündeten. Nach Jan Žižka, dem Heerführer der hussitischen Taboristen – in der böhmischen Stadt Tabor verschanzten sie sich –, ist der Prager Stadtteil Žižkov benannt. Die historischen Helden stehen bei vielen Tschechen für den Widerstandsgeist und die urdemokratische Tradition des tschechischen Volkes.

IRONIE

Eine Galerie tschechischer Ironiker würde Bände füllen. Für tschechischen Humor steht das schlitzohrige Original des Schwejk (Švejk), der mit gerissener Unschuld die Autorität des habsburgischen Militärs infrage stellte. Nach dem gleichen Muster wehrten sich die Tschechen gegen die Soldaten der Warschauer-Pakt-Staaten, die 1968 dem Prager Frühling ein gewaltsames Ende setzten. In der ersten Phase verwirrten sie die Besatzer mit vertauschten Straßen- und Ortsschildern, sodass sich einige Soldaten bei der Ankunft in einem Kuhkaff bereits in Prag wähnten. Aufzuhalten war die Besetzung mit solchen Späßen allerdings nur kurze Zeit.

JUDEN

Wie in fast allen europäischen Staaten hatten auch die tschechischen Juden unter dem Antisemitismus ihrer Mitbürger zu leiden. Die Tschechen betrachteten sie als Teil der herrschenden, deutsch sprechenden Klasse, der ihrer Unabhängigkeit im Weg stand, und die Deutschen dachten gar nicht daran, sie als Volksgenossen zu akzeptieren. Trotz etlicher Pogrome glückte zu Beginn des 20. Jhs. eine deutsch-jüdisch-tschechische Kultursymbiose. Doch während der deutschen Besatzung wurden die tschechischen Juden fast vollständig vernichtet. Heute sind die Angehörigen der jüdischen Gemeinden in Tschechien überwiegend slowakische Juden, die sich nach 1945 im tschechischen Landesteil niederließen.

KAFKA & CO

Die deutsch-jüdisch-tschechische Kultursymbiose des ausgehenden 19. und beginnenden 20. Jhs. ließ Prag für kurze Zeit in die Liga der europäischen Literaturhauptstädte aufsteigen. Einsamer Höhepunkt der Prager deutschen Literatur ist das Werk Franz Kafkas, in dem sich die gleichermaßen bedrohliche wie unfreiwillig komische Atmosphäre jener Zeit verdichtet. In seinem Schatten behaupten sich bis heute die Bücher von Max Brod, Egon Erwin Kisch, Gustav Meyrink, Leo Perutz, Ernst Weiß und Franz Werfel. Die 1938/39 noch in der Tschechoslowakei lebenden Schriftsteller verließen nach dem deutschen Einmarsch das Land.

LATERNA MAGIKA

Alfred Radock und Jan Svoboda entwickelten für den tschechoslowakischen Pavillon bei der Brüsseler Weltausstellung 1958 ein Montageverfahren, das Elemente des Films, des Theaters und der Pantomime vereint. Ein Jahr später hatte die Laterna magika in Prag ein eigenes Theater, in dem Schauspieler aus der Kinoleinwand heraustreten, im realen Ge-

Das innige Verhältnis der Tschechen zur Musik macht sich aber nicht nur in der Klassik bemerkbar. Zu fortgeschrittener Stunde kann man sich in jedem Wirtshaus sicher sein, dass so gut wie alle Gäste die Hits der tschechischen Volksmusik und der internationalen Folkszene intonieren.

Zeugnisse einer langen Geschichte: Grabsteine auf dem alten jüdischen Friedhof von Mikulov

schehen mitmischen und wieder im Zelluloid verschwinden.

MUSIK

Wolfgang Amadeus Mozart feierte seine größten Erfolge in Prag. Die Werke der drei berühmtesten tschechischen Komponisten Antonín Dvořák, Bedřich Smetana, Leoš Janáček werden noch heute oft aufgeführt.

NEPOMUK

Die Skulptur des böhmischen Brückenheiligen (eigentlich: Johannes von Pomuk) blickt von fast jeder Moldaubrücke. Und das hat seinen Grund: Um den unliebsamen Intellektuellen loszuwerden, dichtete König Wenzel IV. dem Geistlichen eine Affäre mit seiner Gattin an und ließ ihn 1393 in der Moldau ertränken.

OBČANSKÉ FORUM (OF)

OF, übersetzt Bürgerforum, hieß die oppositionelle Sammelbewegung, zu der sich Ende 1989 Studenten, Schauspieler, Intellektuelle und Arbeiter vereinigten, um das kommunistische Regime zu stürzen. Václav Havel, ihr charismatischer Führer, ging im Gegensatz zur Bevölkerungsmehrheit keine Kompromisse mit der „Normalisierungspolitik" ein. So hieß euphemistisch die Rückkehr zu – etwas verfeinerten – stalinistischen Methoden nach der Niederschlagung des Prager Frühlings 1968. Havel bezahlte seine offenen Briefe an den Präsidenten der damaligen ČSSR, Gustav Husák, und seine sarkastischen Theaterstücke mit Berufsverbot und Gefängnis. Belohnt wurde seine Tapferkeit mit dem Aufstieg zum (Dichter-) Präsidenten. Das heterogene OF zerfiel nach der Ablösung des KP-Regimes, es bildete sich ein Parteiensystem westlichen Musters.

PARTEIEN

Die wichtigsten Parteien sind – ČSSD: Tschechische Partei der Sozialdemokratie. Sie stellt den Ministerpräsidenten einer sozialliberalen Koalition, Jiří Paroubek. KDU-ČSL: Christlich-Demokratische Union/ Tschechische Partei des Volks. KSČM: Kommunistische Partei Böhmens und Mährens. Sie war lange die orthodoxeste KP der Reformstaaten, leitete aber schließlich einen vorsichtigen Kurswechsel ein. ODS: Bürgerlich-Demokratische Partei. Sie stellte bis 1998 mit Václav Klaus den Ministerpräsidenten. 2003 zog dieser als Nachfolger Václav Havels in den Präsidentenpalast am Hradschin.

PESTSÄULEN

Sie fehlen in kaum einer tschechischen Stadt. Mal vergoldet und mit bombastischem Figurenaufsatz, mal in bescheidener Ausführung, ist die barocke Pestsäule ein fester Bestandteil böhmisch-mährischer Marktplätze. Das geht zum einen darauf zurück, dass der schwarze Tod im Gefolge des Dreißigjährigen Kriegs hier besonders heftig tobte. Zum anderen zeigte die k. u. k. Monarchie mit diesem katholischen Symbol, das meist von einer Marienstatue gekrönt wird, Flagge.

„RASENDER REPORTER"

Gemeint ist Egon Erwin Kisch (1885–1948), der seine journalistische Karriere Anfang des 20. Jhs. als Volontär beim „Prager Tagblatt" und als Lokalreporter bei der „Bohemia" begann. Auf die Tradition des liberalen Tagblatts beruft sich heute die „Prager Zeitung", die erste Wochenzeitung, die seit der Wende in deutscher Sprache über tschechische Politik, Wirtschaft und Kultur berichtet.

VOLKSMUSIK

Mährische Volkslieder sind sogar für einen Böhmen nur schwer zu singen. Sie sind denkbar vielfältig, schwanken zwischen den Tonarten und verzichten auf den disziplinierenden Leitton. Doch der exotische Rhythmus zum Beispiel der Tanzlieder überträgt sich unwillkürlich auf die Zuhörer.

WIRTSCHAFT

In ihrem letzten Fortschrittsbericht stellt die Europäische Kommission fest: „Die Tschechische Republik kann als funktionierende Marktwirtschaft bezeichnet werden, aber es sind weitere Strukturreformen notwendig, damit sie mittelfristig Aussichten hat, dem Wettbewerbsdruck in der EU standzuhalten." Dazu gehören in erster Linie die konsequent betriebene Privatisierung von Bankhäusern, Großbetrieben und industriellen Komplexen. Nach beeindruckenden Anfangserfolgen geriet der Konjunkturmotor jedoch in letzter Zeit spürbar ins Stottern.

ZIGEUNER

Die ungeliebte Minderheit, politisch korrekt Roma und Sinti, wird als *cikáni* verschmäht. Nach der Vertreibung der Deutschen wurden viele in den entvölkerten Grenzgebieten angesiedelt und zur Industriearbeit gezwungen. Familien, die in Slums vegetieren, sind nicht selten. Der Teufelskreis aus Ausgrenzung, Arbeitslosigkeit und Kriminalität führte 1998 zu einer spektakulären Ausreisewelle. Gleichzeitig bemühen sich eine Roma-Vereinigung und tschechische Bürgerinitiativen mit Bildungsprogrammen und Streetworkern um die Integration der Minderheit.

Barocke Pestsäulen stehen in fast jeder Ortschaft; hier die von Telč

VON NEUJAHR BIS WEIHNACHTEN

Film, Musik, Theater, Marionetten und Renaissancefeste verzaubern Tschechien das ganze Jahr

FEIERTAGE

1. Jan. *Neujahr;* **März/April** *Ostermontag;* **1. Mai** *Tag der Arbeit;* **8. Mai** *Befreiung vom Nationalsozialismus (1945);* **5. Juli** *Tag der Slawenapostel Kyrill und Method;* **6. Juli** *Verbrennungstod von Jan Hus;* **28. Sept.** *Tag des hl. Wenzel;* **28. Okt.** *Nationalfeiertag (Gründung der Tschechoslowakei 1918);* **24.–26. Dez.** *Weihnachten*

FESTE UND VERANSTALTUNGEN

Januar
Prag: *Neujahrskonzert* im Rudolfinum

Insider Tipp

März
Třebíč: *Frühling der Marionettenspieler*

April
Brünn: *Festival geistlicher Musik*

Mai
Hradec Králové: internationales Theaterfestival *Theater Europäischer Regionen*

Ostrava: internationales Musikfestival *Janáček-Mai*
Das Musikfestival *Prager Frühling* mit internationalen Topensembles beginnt immer am 12. Mai

Mai/Juni
Olomouc: *Olmützer Musikfrühling*

Juni
Český Krumlov: Am Wochenende um den 21. Juni traditionelles *Renaissancestadtfest der fünfblättrigen Rose*
Kutná Hora: *Kuttenberger Silberfest* in der ehemals bedeutenden Münzstadt
Pardubice: *Schlossfest*
Pelhřimov: Mitte Juni internationales *Festival der Rekorde und Kuriositäten*
Prachatice: Am Monatsende Fest anlässlich der *Salzlieferungen über den Goldenen Steig* mit Umzug in historischen Kostümen

Juli
Český Krumlov: Mitte Juli *Festival der Alten Musik*

Aktuelle Events weltweit auf www.marcopolo.de/events

> EVENTS
FESTE & MEHR

Chlum: Die *Schlacht von Königgrätz* am 3. Juli 1866 wird in Originaluniformen nachgespielt.

Jindřichův Hradec: *Folkfestival* im Schloss

Karlovy Vary: internationales *Filmfestival* in der ersten Julihälfte

Kratochvíle: *Theatersommer* im Renaissance-Wasserschloss

Litomyšl: *Opernfestival Smetana* in der Geburtsstadt des Komponisten

Vyšší Brod: *Schifffahrt kurioser Wasserfahrzeuge* am ersten Samstag

Juli/August

Český Krumlov: <mark>*Südböhmischer Theatersommer*</mark> auf der Freilichtbühne des Schlossgartens

<mark>insider ipp</mark>

Zvíkov: *Theatersommer*

August

Domažlice: am Sonntag nach dem 10. Aug. mittelalterliches *Chodenfest*

Náměšť' na Hané: *Hanakisches Erntefest* in der letzten Woche

Rožnov pod Radhoštěm: Mitte August *Markt im Walachischen Museumsdorf*

September

Brünn: ab Monatsende internationales Musikfestival *Mährischer Herbst*

Kroměříž: *Musiksommer* mit Kammermusik in der erzbischöflichen Residenz

Kutná Hora: *Renaissance Musikfestival*

Šternberk: *Oldtimerschau* am zweiten Wochenende

Tabor: *historischer Festumzug* in der ersten Monatshälfte

Teplice: *Beethoven-Festival* in der zweiten Monatshälfte

Znojmo: Mitte September traditionelles *Weinlesefest* mit Umzug

Oktober

Hradec Králové: internationales Jazzertreffen *Jazz goes to town*

November

Prag: ⭐ *Prager Theaterfestival der deutschen Sprache*

Dezember

Brünn: riesiger *Weihnachtsmarkt* auf dem Hauptplatz der Stadt

> KUCHAŘ, BLEIB BEI DEINER SVÍČKOVÁ!

Von der „unerträglichen Leichtigkeit des Seins" ist in der böhmischen Küche wenig zu spüren

> Die Zeit der k. u. k. Monarchie hat den Speisezettel Böhmens und Mährens nachhaltig geprägt. Dabei ist heute kaum mehr zu sagen, was zuerst da war: die böhmischen *palačinky* oder die Wiener Palatschinken, das ungarische Gulasch oder das böhmische *guláš*, der bayerisch-österreichische Schweinebraten mit Knödeln und Kraut oder das tschechische *vepřo, knedlo, zelo*. Jedenfalls unterscheidet sich die Speisekarte im tschechischen *restaurace* nur marginal von der in den traditionellen Wirtshäusern von Wien, Linz oder Budapest.

Die Auswahl an Gerichten der böhmischen Küche und an internationalen Speisen ist beeindruckend: Sie können in der Regel zwischen mehreren Suppen, kalten und warmen Vorspeisen, einem Dutzend Fisch- und Geflügelgerichten, einer ganzen Latte von Spezialitäten des Hauses sowie den wichtigsten Mehl- und Süßspeisen wählen. Mit Ausnahme

Bild: Prag, Café Slavia

ESSEN & TRINKEN

weniger Spitzenrestaurants ist der Preis meist äußerst sympathisch, die Qualität recht ordentlich. Ein paniertes Schnitzel mit Pommes *(smažený řízek)* kostet selten mehr als 4 Euro.

Gewarnt sei vor Ausflügen der böhmischen Köche in das Genre der chinesischen oder italienischen Küchenkunst. Sollte Sie wirklich einmal die Lust auf exotisches Essen überkommen, werfen Sie einen Blick in die Küche, ob dort auch tatsächlich ein Südländer oder Asiate als *kuchař* (Koch) seinen Dienst verrichtet. Inzwischen haben sich an einigen Orten hervorragende Pizzerien angesiedelt. Diese zu finden ist allerdings gar nicht so leicht, denn die Experimentierlust tschechischer Gastronomen hat zu einer regelrechten Pizzenschwemme geführt – und die eigenwilligen Kreationen, die dabei entstehen, sind häufig alles andere als appetitanregend.

Bleiben Sie also lieber bei böhmischen Gerichten, etwa dem Nationalgericht Nummer zwei, der *svíčková:* Falls Sie einmal das Glück haben sollten, bei einer tschechischen Familie zu Gast zu sein, wissen Sie erst, was böhmische Küche bedeutet. Stellen Sie sich vor, dass eine tschechische Hausfrau Ihnen zarten, mit Speck gespickten Lendenbraten serviert. Der hat über Nacht in einem Sud aus zerlassener Butter, Wurzelgemüse, Zwiebeln, Lorbeerblättern, Thymian, Pfefferkörnern und Zitronenschale die richtige Würze aufgesogen. Und jetzt kommt er zusam-

> SPEZIALITÄTEN

Genießen Sie die typisch tschechische Küche!

Becherovka – ein nach seinem Erfinder benannter Kräuterlikör

Budvar – das berühmte Budweiser Bier

české, moravské koláče – Kolatschen. Runde Stücke aus Hefeteig, in der Mitte Quark, Mohn oder Obststücke

česneková polevka – Knoblauchsuppe mit Käse, Schinken, Schnittlauch und geröstetem Brot

chlebíčky – das „Smörrebröd" der Tschechen: Brötchen, die in unzähligen Variationen mit Salami, Schinken, Käse und Salaten – insbesondere dem böhmischen Kartoffelsalat – zu kunstvollen Kanapees kombiniert werden

husa pečená – Gänsebraten

kachna pečená – Entenbraten

knedlíky – verschiedene Varianten von Kartoffel- und Semmelknödeln, meist als in Scheiben geschnittene Serviettenknödel serviert

lívance – kleine, runde Laibe aus Hefeteig, die in einer Dalkenpfanne mit Einbuchtungen von ca. 10 cm Durchmesser ausgebacken werden. Bestrichen mit *powidl* (Pflaumenmus) oder mit gemahlenem Mohn und Zucker bestreut (Foto)

Olomoucké syrečky – Olmützer Quargel. Dem Handkäse ähnlich, aber mit kräftigerem Geschmack und strengerem Duft

opékané brambory/bramborový salát – Bratkartoffeln bzw. böhmischer Kartoffelsalat mit Mayonnaise, Eiern, Gewürzgurken und Schinkenwürfeln (die Zutaten variieren je nach Region)

ovocné knedlíky s borůvkovou polevou – Obstknödel mit Heidelbeerguss

palačinky se zavařeninou, ovoce, karamelová poleva – Palatschinken mit Konfitüre, Obst und Karamellsüppchen

Plzeňský prazdroj – das berühmte Pilsener Urquell

pstruh smažený/pstruh na roštů – gebackene oder geröstete Forelle

španělští ptáčci – „spanische Vöglein" sind gefüllte kleine Rindsrouladen; als Beilage gibt es Knödel oder Reis

topincky – in Fett gebratene Brotscheiben, meist mit Knoblauch bestrichen oder mit Tatar

men mit einer Sauce, die aus dem Sud und einem Schuss Sahne zubereitet wird, und mit den böhmischen Knödeln dampfend auf den Tisch … Sollte es Ihnen aber nicht gelingen, sich in einen tschechischen Haushalt einzuschleichen, finden Sie eine Reihe vorzüglicher Gasthäuser im ganzen Land, die das Schild „Böhmische Küche" zu Recht vor der Tür stehen haben.

Mit dem *česká kava,* einem dem Wesen nach türkischen *(turecká)* Kaffee mit Satz, müssen sich an Filterkaffee gewohnte Besucher erst anfreunden. Inzwischen hält in der *kavarná* (Café) die k. u. k. Kaffeetradition wieder Einzug, weshalb neben *kava s mlekem* (Milchkaffee), *espreso* und *kapučino* auch ein *vídeňská kava* (Wiener Kaffee mit Schlagsahne) kredenzt wird.

Als herzhafter Imbiss zum Mitnehmen empfiehlt sich der pikant gewürzte *bramborák,* ein großer Kartoffelpuffer. In vielen Imbissstuben, und Gaststätten bekommen Sie einen gebackenen Hartkäse, den *smažený sýr,* meist garniert mit *hranolky* (Pommes frites) und *tatarská omáčka,* einer fein gewürzten Mayonnaisesauce. Als fleischlose Gerichte stehen neben dem Backkäse häufig *smažený květák* (frittierter Blumenkohl) sowie *smažený žampióny* (gebackene Pilzköpfe) auf der *jídelní lístek* (Speisekarte). In einer richtigen *pivnice,* der tschechischen Bierstube, gehört spätestens nach dem dritten Bier ein „Ersoffener", sprich *utopenec,* dazu, wie die Bierfreunde eine in Essig und Öl eingelegte und mit Zwiebeln gespickte Knackwurst nennen.

Apropos Bier oder auf gut Tschechisch *pivo:* Die böhmische Braukunst hat mehrere Dutzend Biersorten zu bieten. Ein äußerst subjektives Geschmacksranking nach Gattungen könnte so aussehen: helles Bier *(světlé pivo)* – Staropramen, Samson, Budvar, Gambrinus, Starobrno; dunkles Bier *(černé pivo)* – Krušovice, Regent, Purkmistr. Das stärkere, würzigere Bier mit 12 Grad heißt *dvanáctka,* das leichte Schank-

Bier ist tschechisches Nationalgetränk

bier mit 10 Grad *desítka.* Außer im Restaurant bekommen Sie Ihr Bier in der *pivnice* oder auch im *klub,* der Studentenkneipe.

Eine *vinárna* sucht dagegen nur der mutige Weintrinker auf. Der böhmische Frankovká oder Rýnský Ryzlink ist nämlich nicht jedermanns Sache. Hervorragende Tropfen bekommen Sie jedoch in Südmähren. Von der Sonne verwöhnt, genügen die in der Gegend um Mikulov seit Jahrhunderten angebauten Rebsorten auch hohen Ansprüchen.

ALLERBESTES KUNSTHANDWERK

Ob Mundgeblasenes oder Schnitzwerk – Originalität und
Fantasie sind Markenzeichen vieler tschechischer Erzeugnisse

> Auch wenn sich das Preisgefälle seit dem Fall des Eisernen Vorhangs und dem EU-Beitritt deutlich verringert hat, bekommt man in Tschechien noch immer hochwertige Produkte für deutlich weniger Geld als bei uns.

BÜCHER

Wer ein Fan von alten Büchern ist, kann seiner Sammelleidenschaft in ganz Tschechien frönen. Besonders in größeren Städten wie Prag, Brünn, Olomouc oder Ostrava tummeln sich viele Antiquariate. Vorher sollte man sich im Internet *(www.zvab.com)* über die gängigen Preise informieren, dann einkaufen und sich über die Schnäppchen freuen.

GLAS, PORZELLAN & CO

Nicht lange suchen müssen Sie auch nach dem berühmten böhmischen Glas und Porzellan, das fast überall zu günstigen Preisen zu kaufen ist. Neben hochwertigem Kristallglas und dem klassischen Zwiebelmusterporzellan aus Nordböhmen finden sich mundgeblasene Kopien mittelalterlicher Gläser und Jugendstilimitate. Ins Auge fallen auch fantasievoll geformte Keramiktassen, farbenprächtige Service, Aschenbecher mit Tiermotiven und surrealen Tonfiguren.

KUNST

Kunstliebhaber sollten einen Streifzug durch die vielen neu eröffneten Galerien machen. Selbst Werke renommierter zeitgenössischer Künstler sind oft noch erschwinglich – und vielleicht entdecken Sie ja das Gemälde eines tschechischen Anselm Kiefer, das in einigen Jahren unbezahlbar sein wird.

MÖBEL

Nicht nur in Prag finden Sie Antiquitätenläden und Trödler *(vetešnictví)*, wo zwischen allerlei Trödel so manches gute Stück wartet. Der Nachholbedarf der Tschechen bei neumodischem Mobiliar hält an, sodass man schöne, alte Sekretäre oder lederbeschlagene Lehnstühle von der vorletzten Jahrhundertwende nicht überall zu schätzen weiß.

> EINKAUFEN

MUSIK

Liebhaber klassischer Musik können sich darauf verlassen, in Tschechien gute Einspielungen auf CD zu erhalten. Das Niveau der tschechischen Orchester ist nach wie vor überdurchschnittlich hoch. Oft bekommt man in den Souvenirläden von Kirchen oder Klöstern interessante Zusammenschnitte klassischer Schlager, die z. B. auf der jeweiligen Orgel gespielt wurden. Auch ein großes Angebot an Weltmusik, Klezmer etc. ist zu finden.
Jeder Böhme ist ein Musikant, heißt es. Das spiegelt sich wider im großen Angebot an Noten, das man in normalen Buchläden finden kann. Wer gerne selbst Musik macht, sucht sich das Passende zu günstigen Preisen: Die Palette reicht von tschechischer Folkmusik – für die Lagerfeuerromantik – bis hin zu tschechischen Klassikern wie Smetana, Dvořák und Janáček.

SCHMUCK

Der geringe Stundenlohn bewirkt attraktive Preise für kunsthandwerkliche Erzeugnisse. Besonders Goldschmuck oder granatbesetzte Ringe, Ketten und Broschen sind günstig.

SCHUHE

Für jeden Geldbeutel geeignet sind Schuhe des tschechischen Herstellers Bat'a, die in Sachen Qualität und Preis keinen Vergleich zu scheuen brauchen.

SPEIS & TRANK

Nehmen sie doch ein paar Flaschen mährischen Wein, einen Kasten mit den besten Biersorten, eine Flasche Becherovka und einige Schachteln Karlsbader Oblaten mit nach Hause.

SPIELZEUG

Die Kinderliebe der Tschechen artikuliert sich nicht nur in den legendären Märchen- und Trickfilmen, sondern auch in der Vielfalt origineller Holzspielsachen: So gibt es beispielsweise Marionetten und Stofffiguren, die Filmhelden wie dem kleinen Maulwurf oder Pan Tau nachempfunden sind.

> PILSNER URQUELL UND ANDERE HEILWÄSSER

Womit man sich in der Bier- und Bäderregion die Zeit vertreibt

> **Westböhmen zerfällt geografisch in mehrere Landschaften. Zwischen dem Tepler Hochland, dem Niederen Böhmerwald und dem Mittelböhmischen Waldgebirge breitet sich das Pilsener Becken aus, in dem sich vier Quellflüsse zur Berounka vereinigen.**

In keiner anderen Stadt außerhalb Russlands fühlen sich Moskauer Bohemiens so wohl wie in Karlsbad – und beweisen damit guten Geschmack. Hinter der dekadenten Empirefassade der überquellenden Kurschönheit tobt sich der russische Bär nicht nur im nie versiegenden Mineralsprudel aus, sondern zelebriert ein international renommiertes Filmfestival genauso nonchalant, wie er im Kasino die Roulettekugel laufen lässt und in schicken Diskotheken das Tanzbein schwingt. Wer die westböhmische Hauptstadt Pilsen bisher nur als Nadelöhr kennengelernt hat, durch das sich der Transitverkehr

Bild: Karlovy Vary (Karlsbad)

WESTBÖHMEN

von und nach Prag quält, sollte einen Erkundungsspaziergang wagen. Hinter den abweisenden Fassaden entlang der Hauptverkehrsader verbirgt sich spannendes städtisches Leben.

CHEB (EGER)

[128 A5] Eger (33 000 Ew.) überrascht mit einer fast lückenlos erhaltenen Altstadt und der trotz Zerstörungen stolz über dem Fluss thronenden Kaiserpfalz, die für Friedrich Barbarossa eine politische Schlüsselrolle besaß. Diese Stellung Egers im Mittelalter, als es in etwa die Größe von Frankfurt am Main hatte, spiegelt sich noch heute in den großzügigen gotischen Wohnpalästen auf dem Marktplatz wider.

SEHENSWERTES

CHEBSKÝ HRAD ★

Der mächtige schwarze Turm der *Kaiserpfalz* und die berühmte *Dop-*

pelkapelle sind romanische Wahrzeichen der Stauferzeit. Mittelpunkt der Anlage ist der ehemals romanische *Palas,* dem im 15. Jh. ein dekorativer Fachwerkstock aufgesetzt wurde. Hinter der Kapelle des Palas wurden wenige Stunden vor der Ermordung Wallensteins im Egerer Stadthaus seine vier treuesten Generäle niedergestochen.

Der schwarze Turm ist von der Kaiserpfalz Friedrich Barbarossas übrig geblieben

KOSTEL SV. MIKULAŠE
Von der gotischen Nikolauskirche sind aus der Romanik noch das Westportal sowie die unteren Teile der Osttürme erhalten.

KRAJSKÉ MUZEUM CHEB
Das Haus, in dem der angebliche Hochverräter Wallenstein im Auftrag Kaiser Ferdinands 1634 gemeuchelt wurde, ist heute Stadtmuseum: Geschichte und Volkskunde des Egerlands, Naturkunde, Wallensteins Sterbezimmer und ein Stadtmodell. *Di–Fr 9–12 und 14–17 Uhr (Sa, So nur Mai–Sept. 10–16 Uhr) | Náměstí Krále Jiřího z Poděbrad 4*

NÁMĚSTÍ KRÁLE JIŘÍHO Z PODĚBRAD
Der *Marktplatz* verbreitert sich nach Norden zum Ensemble der *Stöckelhäuser* – windschiefe Fachwerkhäuser des 13. Jhs., die früher von jüdischen Krämern bewohnt wurden. An der mittleren Ostseite sticht das *Alte Rathaus* im italienischen Barockstil hervor. Rechts daneben das *Schillerhaus,* in dem der Dichter über seinem „Wallenstein" brütete. Einen angenehmen Stilbruch leistet sich das *Gablerhaus* an der Nordostecke des Platzes mit seiner verspielten Rokofassade. Aus einiger Distanz betrachten sich zwei steinerne Gestalten: die barocken Protagonisten des *Rolandbrunnens* und des *Herkulesbrunnens.*

■ ESSEN & TRINKEN ■
FORTUNA
Böhmische Küche unter Gewölben. *Tgl. | Nám. Krále Jiřího z Poděbrad 10 | Tel. 354 42 21 10 | €€*

KAVÁRNA ŠPALÍČEK ✵
Café in einem der Stöckelhäuser mit Blick auf den Markt. *Tgl. | Nám. Krále Jiřího z Poděbrad 4 | €*

■ ÜBERNACHTEN ■
HVĚZDA
Etwas altertümlich, aber heimelig. Zwei Restaurants, eines mit Terrasse. Eigener Parkplatz. *42 Zi. | Nám. Krále Jiřího z Poděbrad 4–6 | Tel. 354 42 25 49 | Fax 354 42 25 46 | www.hotel-hvezda.cz | €€*

Das Gablerhaus mit seiner schmucken Rokokofassade: Hier wohnte Goethe 1821

HOTEL ZÁMEK MOSTOV

Schlosshotel nahe Cheb. Herrschaftliche Räume, Wellnessbereich. Porzellaneinkauf möglich. *20 Zi. | Mostov 1 | Tel./Fax 354 59 72 77 |* www.mostov.cz *| €€*

AM ABEND

GALERIE A KAVÁRNA U KAMENE ▶▶

Die Kneipe verströmt mit Ohrensesseln, Wänden in Tapetenoptik und winzigen Fenstern Wohnzimmeratmosphäre. *Mo–Sa 10–22 Uhr | Nám. Krále Jiřího z Poděbrad 7*

AUSKUNFT

TURISTICHÉ INFOCENTRUM

Náměstí Krále Jiřího z Poděbrad 33 | Tel. 354 44 03 02 | Fax 354 44 03 30 | www.mestocheb.cz

ZIELE IN DER UMGEBUNG

FRANTIŠKOVY LÁZNĚ [128 A4]

Die schenswerten Empiregebäude der Kuranlage in Franzensbad (5000 Ew.) sind umgeben von Parks. Im *Sady Bedřicha Smetana (Smetanapark)* stehen Goethebrunnen, Stadttheater und *Stadtmuseum (Di–Fr 10–12 u. 13–17, Sa, So 10–16 Uhr | Dr. Pohoreckého 8)*. Sehenswert ist die etwas außerhalb gelegene *Russische Kirche*. In der *Národní třída* liegt neben prächtigen Empirehäusern ein nettes Café, die *Bar Kavarná Beethoven*. Übernachtung zum Beispiel im *Hotel Slovan (25 Zi. | Národní třída 5 | Tel. 354 54 60 60 | Fax 354 54 28 43 |* www.slovan-hotel.cz *| €€€)*.

Knapp 10 km nördlich liegt das geschützte *Hochmoorgebiet Soos* mit dem Naturschauspiel dampfender Krater und brodelnder Wasserlöcher. *5 km nordwestlich*

JESENICE UND SKALKA [128 A5]

Die Stauseen bieten viele Freizeitmöglichkeiten. Sie können in *chaty*

MARCO POLO HIGHLIGHTS

⭐ **Chebský hrad**
In der Kaiserpfalz zu Eger weht der Geist des Staufers Friedrich I. (Seite 31)

⭐ **Singende Fontäne**
In Mariánské Lázně spielt abends eine farbenprächtige Wassermusik (Seite 41)

⭐ **Promenade**
Russische Dandys und Filmprominenz modernisieren den Charme der Bäderstadt Karlsbad (Seite 35)

⭐ **Plzeňský prazdroj**
In der weltberühmten Pilsener Brauerei kann man eine Führung mitmachen (Seite 42)

(gemütlichen Holzhüttchen) übernachten oder auf Campingplätzen zelten. *10 km westlich*

OSTROH   [128 A4]

Die Burg Ostroh stammt aus dem 13. Jh. Heute mit einigen Ausstellungen und nettem Restaurant. *März–Mai u. Sept., Okt. tgl. 10–16 Uhr; Juni 10–17 Uhr, Juli, Aug. 9–18 Uhr. 8 km nordwestlich*

DOMAŽLICE

[134 C3] **Betritt man Taus, das Zentrum des Chodenlandes (11 000 Ew.), durch das Untere Tor** *(Dolní brána)*, **fällt der Blick auf einen wohlerhaltenen böhmischen Marktplatz.** Doch von den Choden, dem Volksstamm der geheimnisumwitterten Grenzwächter des Böhmerwaldes aus dem Mittelalter, fehlt jede Spur. Nur am Ende der Altstadt ragt die *Chodenburg* auf. Einmal im Jahr jedoch, am ersten Augustsonntag, erwachen ihre Lebensgeister. Dann führen die Nachkommen der „Hundsköpfe" in bunter Tracht ein wildes Spektakel vor der Allerheiligenkirche auf.

■ SEHENSWERTES ■

CHODENBURG

Interessantes Museum zur Geschichte und Volkskunde der Choden und eine große Silbermünzensammlung (14.–17. Jh.). *April–Okt. Di–So 8–12 u. 13–16 Uhr*

NÁMĚSTÍ MÍRU

Den lang gezogenen Marktplatz säumen schöne *Arkadenhäuser* von Gotik bis Empire und das *Rathaus* mit einer Neorenaissancefassade.

KOSTEL NAROZENÍ PANNY MARIE

Neben der *Barockkirche Mariä Geburt* von Kilian Ignaz Dientzenhofer in der Platzmitte steht ein windschiefer ✳ *Glockenturm. April–Sept. tgl. 9–12 u. 13–17 Uhr*

■ ESSEN & TRINKEN ÜBERNACHTEN ■

CAFÉ UND PENSION TIFFANY

Die Wände des Lokals sind mit Blechblasinstrumenten bestückt. Es gibt kleine Gerichte und Tagesgerichte. 5 individuell eingerichtete Zimmer. *Kostelní 102 | Tel. 602 39 66 66 | www.tiffany.wz.cz | €–€€*

Nur eine Ansicht vom schönen Karlsbad, rechts vorn die Marktbrunnenkolonnade

WESTBÖHMEN

AUSKUNFT

INFORMAČNÍ SLUŽBA
*Nám. Míru 51 | Tel./Fax 379 72 58 52
| www.idomazlice.cz*

ZIEL IN DER UMGEBUNG

HORŠOVSKÝ TÝN [134 C2]

Bischofteinitz (5000 Ew.) besitzt einen historischen Marktplatz, Reste der Stadtmauer und ein *Renaissanceschloss*. Im Schloss historische Möbel und Gemälde. *Mai u. Sept. tgl. 9–12 u. 14–16, Juni–Aug. 9–17 Uhr | www.horsovskytyn.cz. 9 km nördlich*

KARLOVY VARY (KARLSBAD)

KARTE AUF SEITE 141

[128 B4] **Um dem mondänen Charme Karlsbads (52 000 Ew.) am Zusammenfluss von Ohře und Tepla zu erliegen, reicht ein Flussspaziergang auf der ⭐ Promenade zwischen den Hotels Thermal und Pupp.** Ein Aufenthalt im Foyer des *Kursanatoriums Thermal,* dessen Innenkonzeption origineller ist, als die graue Betonfassade vermuten lässt, lohnt sich. Im ersten Stock wetteifern in der Lobby und im Café rote Ledersessel und -stühle um die Aufmerksamkeit der Gäste. Gestärkt können Sie dann Ihre kleine Promenade durch den Ort, wo jeden Juli das bekannte *Karlsbader Filmfestival* stattfindet, fortsetzen.

SEHENSWERTES

GALERIE UMĚNÍ KARLOVY VARY

Tschechische Kunst des 20. Jhs. *Di–So 9.30–12 u. 13–17 Uhr | Goethova stezka 6 | www.galeriekvary.cz*

KARLOVARSKÉ MUZEUM

Das Haus widmet sich der Historie Karlsbads und zeigt die Entwicklung des böhmischen Glases. *Mi–So 9–12 u. 13–17 Uhr | Nová Louka 23*

KOLONNADEN

Von der *Parkkolonnade* (1880–81) aus geht es vorbei am romantischen *Kurhaus* (1863–66) zu den *Mühlbrunnenkolonnaden* (1871–81) im Neorenaissancestil mit Balustrade und Statuen, die die zwölf Monate darstellen. Es folgt die liebliche, mit reichlich filigranem Schnitzwerk verzierte *Marktbrunnenkolonnade* (1883). Angeblich fanden selbst die Karlsbader den Bau nach seiner Fertigstellung überladen. Gleich gegenüber wartet die Quelle Nummer 1, gefasst im Bau der modernen *Sprudelkolonnade* (1975): eine Orgie in Glas und Beton, in deren zentralem Raum die heiße Fontäne in eine Glaskuppel hochschießt.

KOSTEL SV. MAŘÍ MAGDALENY

Die *Kuppelkirche Maria Magdalena* ist ein Meisterwerk des bayerischböhmischen Architekten Kilian Ignaz Dientzenhofer. Der spätbarocke Bau besticht u. a. mit prachtvollen Fresken. *Náměstí Svobody*

TRŽIŠTĚ

Etwas eingezwängt zwischen Teplá und Schlossberg entfalten filigrane *Jugendstilfassaden* gegenüber der Marktbrunnenkolonnade, die barocke *Dreifaltigkeitssäule* und der einsame *Schlossturm,* der die Szenerie des Platzes beherrscht, ein majestätisches Flair.

■ ESSEN & TRINKEN ■

BERNARD

Am Abend wird das Restaurant zum Jazzpalast. *Tgl. | Ondřejská 14 | Tel. 353 22 16 67 | €€€*

>LOW BUDGET

> Nie war ein Bierbad günstiger: Die *Traditionsbrauerei Chodovar* in Chodová Planá hat sich mit kuriosen Aktionen einen Namen gemacht. Neben der jährlichen Weltmeisterschaft im Fässerrollen (Juni) und dem Bierfest (August) kann man sich für nur ca. 20 Euro in einem frisch gezapften Bierbad erholen. *Pivovarská 107 | Tel. 374 79 41 81 | www.chodovar. cz | 550 Kronen*

> Ein Hauch von Afrika weht über Westböhmen, wenn der Pilsner Löwe zum dezenten Knurren ansetzt. Der Ausflug durch *Zoo und botanischen Garten* in Pilsen kostet nur 75 Kronen (April–Sept.) oder 50 Kronen (Okt.–März) für einen Erwachsenen. *April–Okt. tgl. 8–19, Nov.–März tgl 9–18 Uhr | www.zooplzen.cz*

RESTAURANT CHARLIE

Traditionelle böhmische Küche im Kurzentrum. Im Sommer Gartenbetrieb. *Tgl. | I. P. Pavlova 17 | Tel. 353 22 52 83 | www.restaurace-charlie.cz | €€€*

■ EINKAUFEN ■

GLASFABRIK MOSER

Im Vorort Dvory kann man sich eine Glasausstellung ansehen und dann das ein oder andere Stück auch direkt ab Werk kaufen. *Kpt. Jaroše 19*

KARLSBADER OBLATEN

Nicht vergessen: eine Packung Karlsbader Oblaten! An der Sprudelkolonnade gibt's für den Sofortverzehr ==einzelne Oblaten angewärmt.== **Ins Ti**

PIRKENHAMMER PORZELLAN

Manufaktur mit langer Tradition (seit 1803) und bezauberndem Porzellan. *Verkaufsstelle: Stará Louka 22 | www.pirken-hammer.com*

■ ÜBERNACHTEN ■

GRANDHOTEL PUPP

Das berühmte, zeitlos elegante Haus ist Treffpunkt des Geldadels. Alles vom Feinsten, auch der Preis (DZ ab 270 Euro). *112 Zi. | Mírové náměstí 2 | Tel. 353 10 91 11 | Fax 353 22 40 32 | www.pupp.cz | €€€*

HELUAN

Wunderschönes Haus am Platz der Sprudelkolonnade. Die Zimmer besitzen Kassettentüren, Holzböden, Stuckdecken, alte Kachelöfen und haben Balkone mit Blick aufs Stadtzentrum. *14 Zi. | Tržiště 41 | Tel. 355 32 11 11 | Fax 355 32 11 10 | www.heluan.cz | €€€*

JISKRA

Etwas altertümliches Hotel garni gegenüber vom Pupp am Fluss. Schöne, stuckverzierte Zimmer. *13 Zi. | Mariánskolázeňská 1 | Tel. 353 22 69 95 | Fax 353 22 61 49 | €€*

■ AM ABEND

MUSIKCLUB ROTES BERLIN

Dunkler Raum mit silberfarbener Stuckdecke. Witzige Einrichtung,

Schon der Dichterfürst Goethe war von Loket und seiner Burg angetan

lange Theke, Billardtische. Am Wochenende häufig Livekonzerte (Rock, Jazz), sonst Disko. *Mo–Fr 20–24, Sa, So 21–6 Uhr | Jaltská 7*

■ AUSKUNFT

INFOCENTRUM

Lázeňská 1 | Tel. 355 32 11 76 | Fax 355 32 11 75 | www.karlovyvary.cz

■ ZIELE IN DER UMGEBUNG

KADAŇ   [128 C3]

Betritt man die alte Königsstadt Kaaden (18 000 Ew.) durch eins der beiden Stadttore, blickt man auf einen schönen trapezförmigen Marktplatz mit Bürgerhäusern von Gotik bis Barock. *38 km nordöstlich*

KLÁŠTEREC NAD OHŘÍ   [128 C3]

Im Porzellanstädtchen Klösterle (16 000 Ew.) sollten Sie sich das größte *Porzellanmuseum (Di–Sa 9–17 Uhr)* Tschechiens im Schloss nicht entgehen lassen. *34 km nordöstlich*

Insider Tipp

LOKET   [128 B4]

Die *Burg* in Elbogen (3000 Ew.) thront auf einem Granitfelsen über der Ohře. Im 13. Jh. zum Schutz der Westgrenze errichtet, birgt sie ein *Museum,* in dem Porzellan, Zinn und der „Elbogener Meteorit", der vor 600 Jahren vom Himmel fiel, zu sehen sind. *10 km südwestlich*

OSTROV   [128 C4]

Schlackenwerth (17 000 Ew.) am Fuß des Erzgebirges ist ein altes Bergbaustädtchen. Sehenswert sind das *Barockschloss* und die *Kirche St. Jakob* mit gotischem Gewölbe und romanischem Portal. *11 km nordöstlich*

KLATOVY

[134 C3] **Der Grundriss der einst dank ihres Waldreichtums wohlhabenden Stadt Klattau (23 000 Ew.) gleicht dem Muster eines Schachbretts wie die dominierenden Farben ihrer auffälligsten Gebäude den Figuren:** schwarz der 80 m hohe *Rathausturm* mit seiner Aussichtsgalerie *(tgl. 9–12 u. 13–16 Uhr)* und weiß der frei stehende *Campanile der Mariä-Geburt-Kirche.* Dass die Stadt im 16. Jh. zu den sieben reichsten Städten des Königreichs zählte, ist dem Stadtbild immer noch anzusehen.

■ SEHENSWERTES

JEZUITSKÝ KOSTEL
Die weiße Jesuitenkirche, die Kilian Ignaz Dientzenhofer 1717 umbaute, prägt den Marktplatz. In den Katakomben liegen die Mumien von Jesuitenmönchen. *Nám. Míru 62 | www.katakomby.cz*

NÁMĚSTÍ MÍRU
Die Bürgerhäuser aus Gotik, Renaissance und Barock auf dem quadratischen Marktplatz flankiert das mächtige, weiß-schwarze Turmpaar.

ZUM WEISSEN EINHORN
Barockapotheke mit originaler Einrichtung aus dem 17. Jh. Sehr sehenswert. *Mai–Okt. Di–So 9–12 u. 13–17 Uhr | sonst Tel. 376 32 63 62*

■ ESSEN & TRINKEN

ŠVEJK
Kellnerinnen in Tracht, über dem Tresen ein Bild von Kaiser Franz Joseph und Schwejk-Szenen überall. Sehr gutes Essen. *Tgl. | Denisova 90 | Tel. 376 32 14 19 | www.svejk.cz | €€*

■ ÜBERNACHTEN

HOTEL CENTRAL
Haus aus den 20er-Jahren mit umfangreichem Service, zentral, aber ruhig gelegen. *47 Zi. | Masarykova 300 | Tel. 376 31 45 71 | Fax 376 31 47 45 | www.centralkt.cz | €€*

■ AM ABEND

POD ČERNOU VĚŽÍ
Disko „Am Schwarzen Turm". *Di–Sa 20–5 Uhr | Ecke Balbínova 59*

■ AUSKUNFT

INFOCENTRUM
Nám. Míru 63 | Tel. 376 34 72 40 | Fax 376 34 73 90 | www.klatovy.cz

> IM BÄDERDREIECK
Wellness für Kurgäste und Tagesbesucher

Die warmen Quellen der drei bekanntesten tschechischen Kurorte Karlsbad, Marienbad und Franzensbad locken jährlich unzählige Kurgäste an. Karlsbad ist fest in der Hand des russischen Geldadels, in Marienbad stellen Deutsche die Mehrheit der Besucher. Um in die berühmten Thermen zu gelangen, braucht man allerdings immer noch ein Arztrezept. Eine Alternative für Tagesgäste bietet Franzensbad mit dem Spaßbad *Aquaforum.* Hier versprechen 1500 m² Wasserfläche, Wellnessareal, Saunalandschaft, Fitnesscenter und ein Restaurant Entspannung pur. *Květná 5 | 1,5 Std. 150 Kronen*

der pp

ZIELE IN DER UMGEBUNG

ŠVIHOV [134 C2]

Das spätgotische Wasserschloss diente als Kulisse für den fast schon legendären Märchenfilm „Drei Nüsse für Aschenbrödel". *April, Okt. Di–So 9–12 u. 13–16 Uhr, Mai–Sept. 9–12 u. 13–17 Uhr. 9 km nördlich*

VELHARTICE [135 D3]

Der Charakter dieser mittelalterlichen Burganlage blieb weitgehend erhalten. Alle Wirtschaftsgebäude, die Kapelle, der Burgturm, die Befestigung und die Brücken stammen aus dem 13./14. Jh. Besonders beeindruckend ist eine Steinbrücke, die auf gotischen Pfeilern zwei Wehrtürme miteinander verbindet. *Sept.–Mai Di–So 9–16, Juni–Aug. 9–18 Uhr. 19 km südöstlich*

MARIÁNSKÉ LÁZNĚ (MARIENBAD)

[128 B5] Wenn Mark Twain Marienbad (15 000 Ew.) als „die modernste Stadt auf dem Kontinent, so schön, wie man es sich nur wünschen kann" bezeichnete, muss es dem Meisterspötter schon gewaltig die freche Stimme verschlagen haben. Was ist dran am nostalgischen Ruhm, den die Stadt heute nicht zuletzt Alain Resnais' Film „Letztes Jahr in Marienbad" zu verdanken hat? In erster Linie das Flair einer außergewöhnlich schönen *Hauptstraße (Hlavní třída)* mit üppigen Villen und Hotels, neben der sich bis zum Goetheplatz der *Skalníkovy sady,* ein beeindruckender Kurpark, erstreckt.

SEHENSWERTES

KOLONÁDA

Unter den Kolonnaden Marienbads ist dieses neobarocke Prachtexemplar aus dem Jahr 1889 wohl die mar-

Da wird der Nacken steif: Deckengemälde im Eingangspavillon der Hauptkolonnade

kanteste: Die 120 m lange Hauptkolonnade ist eine interessante Konstruktion aus Gusseisen. Filigrane Details und der fulminante *Deckengemäldezyklus* „Sehnsucht des Menschen nach dem Fliegen" bilden den Rahmen für die Promenadenkonzerte. Die Hauptpromenade vereinigt die wichtigsten Quellen im Zentrum, die *Rudolfs-* und die *Ferdinandsquelle.*

MARIÁNSKÉ LÁZNĚ (MARIENBAD)

KOSTEL NANEBEVZETÍ P. MARIE

Die imposante neoromanische *Prämonstratenserkirche Mariä Himmelfahrt* entstand 1844–48 auf einem achteckigem Grundriss. *Goethovo náměstí*

sich das Stadtmuseum mit der Geschichte des Kurbads, der Geologie der Region und natürlich den Mineralquellen. *Okt.–Juni Mi–So 9–16 Uhr, Juli– Sept. 9–17 Uhr | Goethovo nám. 11*

![In Marienbad dreht sich vieles ums Wasser: die „Singende Fontäne" vor der Hauptkolonnade]

In Marienbad dreht sich vieles ums Wasser: die „Singende Fontäne" vor der Hauptkolonnade

KOSTEL SV. VLADIMÍRA

Die orthodoxe *Wladimir-Kirche,* 1901 im traditionellen byzantinischen Stil erbaut, dokumentiert den schon immer starken Anteil russischer Kurgäste. *Ruská 9*

MĚSTSKÉ MUZEUM

In der Unterkunft Johann Wolfgang von Goethes im Jahr 1823 befasst

■ ESSEN & TRINKEN ■

U ZLATÉ KOULE

Die urgemütliche, altmodische Gaststätte „Zur Goldenen Kugel" bietet hervorragende tschechische Speisen und Getränke. Umfangreiche Weinkarte. Kaffeehausmusik, live gespielt. Unbedingt reservieren. *Tgl. | Nehrova 26 | Tel. 354 62 44 55 | www.uzlatekoule.com | €€€*

Insider Tip

> *www.marcopolo.de/tschechien*

WESTBÖHMEN

■ ÜBERNACHTEN

ESPLANADE

Prächtiges und luxuriöses Jugendstilhotel aus dem Jahr 1911. Luxusrestaurant, stilvolle Lobbybar. Die ✳ Terrasse Kolonáda bietet einen zauberhaften Ausblick auf die Stadt. Marmorbadezimmer. *110 Zi. | Karlovarská 438 | Tel. 354 67 61 11 | Fax 354 62 78 50 |* www.esplanade-marienbad.cz *| €€€*

HOTEL MAXIM

Wunderschönes Hotel, 100 m von der Kolonnade entfernt. Böhmische Küche, mährischer Wein. *29 Zi. | Nehrova 141 | Tel. 354 60 33 01 | Fax 354 60 33 03 |* www.hotelmaxim.cz *| €€€*

■ AM ABEND

CASINO BELLEVUE ▶▶

Wer Lust hat, sein Glück zu testen, kann hier viel Geld gewinnen – oder verlieren. *Tgl. 14–7 Uhr | Anglická 8*

SINGENDE FONTÄNE ⭐

Hinter der Kolonnade aus weiß gestrichenem Gusseisen fasziniert jede Nacht eine Explosion farbigen Wassers zu Musik die Kurgäste. Ein buntes Wasserballett für besinnliche Minuten: Ehrfurcht vor dem Leben spendenden Element Wasser. *Mai–Okt. tgl. jede ungerade Std., abends mit Beleuchtung | an der Kolonáda*

■ AUSKUNFT

KULTURNÍ A INFORMAČNÍ CENTRUM

Hlavní 47/28 | Tel. 354 62 24 74 | Fax 354 62 58 92 | www.marianskelazne.cz

■ ZIEL IN DER UMGEBUNG

STIFT TEPLÁ   [128 B5]

Das Kloster bei Tepl, 1193 als Prämonstratenserstift gegründet, wurde zwölfmal ausgeplündert, brannte sechsmal ab, erlebte zwei Pest-Epidemien und drohte sechsmal geschlossen zu werden. Aber erst 1950 wurde es von den Kommunisten

▶ BLOGS & PODCASTS

Gute Tagebücher und Files im Internet

- ▶ Im neuen Reiseinformationsportal www.corsado.de/tschechien schreiben Reisende für Reisende übers Reisen in Europa.
- ▶ Ein allgemeiner Austausch von Reiseerfahrungen findet auch unter www.blog.ealafryafresena.de/index.php?/categories/4-Tschechien statt.
- ▶ Ein interessanter Literaturblog ist www.blog.zvab.com/index.php?s=tschechien – Bücher von Tschechen und über Tschechien.

- ▶ Ebenfalls um Literatur geht es bei wwww.literaturblog-duftender-doppelpunkt.at/2006/07/03/tschechische-literatur.
- ▶ Topaktuelle tschechische Nachrichten von Radio Prag auf Deutsch unter www.radio.cz/de – Sport, Kultur, Reiseland Tschechien, Landesgeschichte, Sprachführer etc.
- ▶ Alles rund um Radiosender auch in Tschechien findet sich unter www.radiowoche.de.

Für den Inhalt der Blogs & Podcasts übernimmt die MARCO POLO Redaktion keine Verantwortung.

wirklich geschlossen. Die unbedingt sehenswerte *Bibliothek (April–Okt. Di–So 9–15 Uhr)* zeigt unter ihren 100 000 Bänden auch das Faksimile einer Gutenberg-Bibel von 1452–55. *Mai–Sept. Mo–Sa 9–17, So 11–17 Uhr, Okt.–April nur bis 15.30 Uhr, Jan. geschl. 12 km östlich*

PLZEŇ (PILSEN)

KARTE AUF SEITE 141

[129 D6] **Pilsen (164 000 Ew.), die Hauptstadt Westböhmens im flachen Pilsener Becken, hat mehr zu bieten als das gattungsbildende Pilsner Urquell.** Hinter dem unansehnlichen Schutzwall der Maschinenfabrik Škoda verbirgt sich ein äußerst attraktiver Stadtkern. Statt einer Stadtmauer umgürtet der Smetana-Park die Innenstadt.

Blick in den Chor der Velká Synagoga

■ SEHENSWERTES

NÁMĚSTÍ REPUBLIKY
Böhmens zweitgrößter Stadtplatz (193 x 139 m) mit zahlreichen Renaissance- und Barockhäusern, dem Renaissancerathaus und einer Pestsäule. In der Platzmitte die gotische *Kirche Sv. Bartoloměje (St. Bartholomäus)* mit einem sehr kurzen Langhaus, aber dem höchsten ☀ Kirchturm Böhmens (103 m). In der Kirche die berühmte *Pilsner Madonna* aus dem 14. Jh.

PIVOVARSKÉ MUZEUM
Museum zur Geschichte des Bierbrauens und des Bierkonsums, zu dem auch eine gotische Mälzerei gehört. *Juni–Mitte Okt. tgl., sonst Di–So 10–18 Uhr | Veleslavinova 6*

PLZEŇSKÉ HISTORICKÉ PODZEMÍ
Insi Tip
„Pilsen von unten", eine Führung durch mittelalterliche Gänge und Gewölbe unter der Altstadt mit Fundstücken aus den Katakomben (z.B. Waffen aus dem Dreißigjährigen Krieg), die auch als Lagerräume für Bier dienten. *März–Nov. Mi–So 9–17 Uhr, Juni–Sept. auch Di | Perlová 4*

PLZEŇSKÝ PRAZDROJ ★
Zehn Gehminuten von der Altstadt liegt die berühmte *Brauerei Prazdroj (Pilsner Urquell)* mit ihrem monumentalen Tor. Bei der Führung mit einer Bierverkostung erfahren Sie alles über das Bierbrauen. *Tgl. 8–16 Uhr | Anmeldung: Tel. 377 06 28 88 | www.pilsner-urquell.cz | U Prazdroje 7*

ŠKODA-WERKE
1866 durch Emil Ritter von Škoda gegründete Maschinenfabrik; bis

heute größter Arbeitgeber des Ortes. *Führung nach Voranmeldung ab 10 Personen* | *Tel. 378 13 28 77* | *Tylova 57* | *www.skoda.cz*

VELKÁ SYNAGOGA

Die Neue Synagoge (1892) im maurisch-romanischen Stil – die drittgrößte Synagoge der Welt und die zweitgrößte Europas – erstrahlt nach ihrer Renovierung in neuem Glanz. *Sady Pětatřicátníků 11*

ESSEN & TRINKEN

RESTAURACE SEDMÉ NEBE

Feine Gerichte und Gambrinus-Bier können Sie in gemütlichen Gewölberäumen genießen. *Tgl.* | *Sokolovská 74* | *Tel. 606 75 54 33* | *www.sedme nebe.com* | *€*

U SALZMANNŮ

Älteste Pilsener Bierhalle von 1637. Altböhmische Gerichte und Pilsener Bier genießt man inmitten von Jugendstilmöbeln. *Tgl.* | *Pražská 8* | *Tel. 377 23 58 55* | *€€*

ŽUMBERA

Sehr nette Atmosphäre, um ein Bier zu trinken und dabei eine Kleinigkeit zu essen. *Tgl.* | *Bezručova 14* | *Tel. 377 22 24 36* | *€–€€*

ÜBERNACHTEN

HOTEL CD

Im Norden Pilsens hübsch in einem Park gelegenes Hotel. *19 Zi.* | *Karlovarská 83* | *Tel. 379 85 51 01* | *Fax 377 52 77 38* | *www.vhotelcd.cz* | *€€*

SLOVAN

Altehrwürdiges Haus in Zentrumsnähe. Viele Zimmer mit Blick auf den Smetana-Park. Großes Restaurant. Gesicherter Parkplatz. *96 Zi.* | *Smetanovy sady 1* | *Tel. 377 22 72 56* | *Fax 377 22 70 12* | *http://hotelslo van.pilsen.cz* | *€€€*

... und alle Fässer voll mit Pilsner Urquell!

AUSKUNFT

MĚSTSKÉ INFORMAČNÍ STŘEDISKO PLZEŇ

Náměstí Republiky 41 | *Tel. 378 03 53 30* | *Fax 378 03 53 32* | *http://info.plzen-city.cz*

ZIELE IN DER UMGEBUNG

KLADRUBY [134 C2]

Die Benediktinerabtei Kladrau ist schon von Weitem zu sehen mit ihrer großen, im 18. Jh. in böhmischer Barockgotik errichteten Klosterkirche. *Juni–Aug. Di–So 9–17 Uhr, April, Mai, Sept., Okt. Sa, So 9–16 Uhr. 35 km westlich*

KONSTANTINOVY LÁZNĚ [134 C1]

Recht versteckt im Wald liegt Konstantinsbad. Im 19. Jh. galt es als Bäderstadt für Leute mit schmalerem Budget. *39 km nordwestlich*

> INDUSTRIEWÜSTEN UND BIOTOPE

Eine merkwürdige Symbiose an der nördlichen Grenze Tschechiens

> Nordböhmen galt lange als Synonym für Waldsterben und Umweltzerstörung. Dennoch existieren in diesem Teil Böhmens herrliche Naturparadiese: Das Český ráj, (Böhmisches Paradies) trägt seinen Namen zu Recht. Das älteste Naturschutzgebiet Böhmens lockt mit bizarren Felsformationen und wildromantischen Burgen Kletterer und Wanderer.

An der Grenze zu Sachsen und Polen laden Elbsandstein-, Iser- und Riesengebirge zu Kletterpartien und Wintersport ein. Ökofreaks wird die große Artenvielfalt dieser Landstriche verblüffen. Der Kapitalmangel der sozialistischen Volkswirtschaft hatte nämlich auch sein Gutes: Zum Segen von Pflanzen und Tieren unterblieben häufig Straßenbauprojekte, Flussbegradigungen und das Abholzen von Hecken. Der Naturschutzgedanke ist weit verbreitet: Umweltinitiativen engagieren sich für Erhalt und Ausweitung von Na-

Bild: Böhmisches Paradies

NORDBÖHMEN

turschutzgebieten, für umweltscho-
nende Produktionsweisen und gegen
Atomkraft.

LIBEREC

[130 B–C2] Reichenberg (98 000 Ew.) sind
die Spuren der Zeitgeschichte ins Gesicht
geschrieben. Das einst prachtvolle Tor
zum Isergebirge hinterlässt auf den ersten
Blick zwiespältige Gefühle: Glanzlichter
der Kunstgeschichte ragen wie ver-

wunschene Märchenschlösser aus einem Stadtbild, das seltsam zerrissen
wirkt. Der Ort zerfällt in drei wider-
sprüchliche Teile: renovierte Pracht-
fassaden finden sich neben Bausün-
den und -ruinen der letzten 40 Jahre,
und daneben gibt es ein herausge-
putztes, modernes Liberec, das als
Universitätsstadt und nordböhmi-
sches Zentrum der sogenannten Eu-
regio Neiße den Anschluss an das
Europa des 21. Jhs. sucht.

Das Rathaus von Wien diente dem von Liberec als Vorbild

SEHENSWERTES

DIVADLO F. X. ŠALDA

1883 verwandelten Wiener Theaterarchitekten einen unscheinbaren Altbau hinter dem Rathaus in ein imposantes Stadttheater.

KOSTEL SV. KŘÍŽE

In der barocken Heilig-Kreuz-Kirche erwartet Sie ein Gemälde der „Heiligen Anna Selbdritt", das Albrecht Dürer zugeschrieben wird.

RADNICE ★

Das Rathaus im Stil der flämischen Renaissance beherrscht mit seinem 65 m hohen Turm das Stadtbild. *Náměstí Dr. E. Beneše*

SEVEROČESKÉ MUZEUM

Das Nordböhmische Museum stellt Kultur und Wirtschaft (Textilien, Glas) Nordböhmens anschaulich dar. *Di–So 9–17 Uhr | Masarykova 11*

VALDŠTEJNSKÉ DOMY

Die sogenannten *Waldstein-Häuser* sind Fachwerkbauten aus dem 17. Jh. *Větrná ulička*

ZÁMEK

Zum Renaissanceschloss gehört die *Salvator-Kapelle* mit filigranem Hochaltar, Oratorium und Kassettendecke. *Gutenbergová ulice*

ESSEN & TRINKEN

RADNIČNÍ SKLÍPEK

Der geräumige Ratskeller bietet gutes Essen. *Tgl. | Náměstí Dr. E. Beneše 1 | Tel. 485 10 06 77 | €€*

ÜBERNACHTEN

GRANDHOTEL ZLÁTY LEV

Der pompöse Bau (1906) steht in der Parkanlage im Zentrum. *75 Zi. | Gutenbergova 3 | Tel. 485 25 67 00 | Fax 482 71 02 70 | www.hotel-tschechien.zlatylev.cz | €€€*

AUSKUNFT

MĚSTSKÉ INFORMAČNÍ CENTRUM

Náměstí Dr. E. Beneše 2 | Tel. 485 10 17 09 | Fax 485 24 35 89 | www.infolbc.cz

ZIELE IN DER UMGEBUNG

FRÝDLANT [130 C1]

Friedland (6200 Ew.) ist wegen Albrecht von Waldstein (Wallenstein) bekannt, dem das ⭐ *Burgschloss Frýdlant* 1604–34 gehörte. Außen mit Sgraffitischmuck verziert, bietet es innen interessant eingerichtete Räume vom Rittersaal bis zum Gesellschaftssalon. Vermutlich nahm Kafka den verschachtelten Bau zum Vorbild für seinen Roman „Das Schloss". *April–Okt. Di–So 9–16 Uhr. 23 km nördlich*

JEŠTĚD ⭐ ☀️ [130 B2]

Der Berg Jeschken (1012 m) ist auch per Seilbahn vom Vorort Horní Hanychov (Oberhanichen) aus zu erreichen. Oben wartet ein 92 m hoher Turm mit Restaurant, *Hotel (24 Zi. | Tel. 485 10 42 91 | Fax 485 10 42 95 | www.jested.cz | €–€€)* und tollem Blick. Ski- und Schlittenfahren sowie Langlauf sind möglich. *7 km südwestlich*

KRKONOŠE [131 D–E2]

Das wildromantische Riesengebirge, Rübezahls Reich, reicht bis Polen. Für Wanderungen, Kletter- oder Skitouren im *Krkonošský národní park (Nationalpark Riesengebirge)* ist das *Hotel Savoy (50 Zi. | č.p. 23 | Tel. 499 43 32 22 | €€€)* ein guter Ausgangspunkt. Nicht entgehen lassen sollten Sie sich den Blick vom höchsten Berg des Landes, der 1602 m hohen ☀️ *Sněžka (Schneekoppe)*. Ausführliche Informationen finden Sie im MARCO POLO Band „Riesengebirge".

TEPLICE

[129 E2] Das älteste böhmische Heilbad Teplitz (51 000 Ew.) besitzt keinen zentralen Marktplatz. Es zieht sich mit mehreren kleinen Stadtplätzen unauffällig in die Länge und gibt seinen Charme erst nach und nach preis. Wen diese Widerborstigkeit nicht abschreckt, der wird mit großzügigen Parkanlagen und Einblicken in üppige Villengärten belohnt, die den nostalgischen Esprit eines Zauberberg-Sanatoriums um die Wende zum 20. Jh. ausstrahlen.

▮ SEHENSWERTES ▮

LÁZEŇSKÝ PARK

Städtischer Mittelpunkt ist der Kurpark mit dem sogenannten Stahlbad, wo der 42 Grad warme Urquell sprudelt.

ZÁMECKÉ NÁMĚSTÍ

Der Platz vor dem Schloss mit der barocken Pestsäule markiert den ältesten Teil der Stadt. In den ausgedehnten Schlossgärten findet sich auch ein *Thermalfreibad*.

MARCO POLO HIGHLIGHTS

⭐ **Radnice**
Der filigrane Bau prägt die Stadt Liberec (Seite 46)

⭐ **Burgschloss Frýdlant**
Liegt hier der Schlüssel zu Kafkas „Schloss"? (Seite 46)

⭐ **Ještěd**
Berg mit gigantischer Aussicht (Seite 47)

⭐ **Labské pískovce**
Das Elbsandsteingebirge: bizarre Felsformationen und tiefe Wälder (Seite 48)

TEPLICE

▣ ESSEN & TRINKEN ▣

ORIENT

Köstliche Meeresfrüchte und Geflügel genießt man in orientalischen, verwinkelten Nischen. *Tgl.* | *U Zámku 8* | *Tel. 417 53 82 30* | €€

▣ ÜBERNACHTEN ▣

PRINCE DE LIGNE ❀

Edelherberge im Bäderviertel mit schönem Blick, französischer und böhmischer Küche, wunderschöner Terrasse. *32 Zi.* | *Zamecké nám. 136* | *Tel. 417 51 41 11* | *Fax 417 53 77 27* | *www.princedeligne.cz* | €€€

▣ AUSKUNFT ▣

INFORMAČNÍ CENTRUM

Benešovo nám. 840 | *Tel. 417 51 06 66* | *www.teplice.cz*

▣ ZIELE IN DER UMGEBUNG ▣

DĚČÍN   [129 F2]

Attraktionen von Tetschen (52000 Ew.) sind das imposante *Schloss* über der Elbe, das auf schmalem Felsstieg zu erreichen ist, sowie dessen schöner *Rosengarten. 34 km nordöstlich*

DUCHCOV   [129 E2]

Schloss Dux ist eng verbunden mit Giacomo Casanova. Im barocken Schloss verdingte sich der verarmte Italiener im 18. Jh. als Bibliothekar und verbrachte hier seine letzten 13 Lebensjahre. *10 km südwestlich*

LABSKÉ PÍSKOVCE ★   [129 F1–2]

Das Elbsandsteingebirge ist auf Grund bizarrer Felsformationen, tiefer Wälder und der rauschenden Elbe ein wahres Naturparadies. Mitten in der zu Recht als Böhmische Schweiz titulierten Landschaft erhebt sich das *Pravčická brána (Prebischtor)*, ein natürliches Felstor mit 26,5 m Spannweite. *30 km nordöstlich* [Insider Tip]

LITOMĚŘICE   [129 E3]

Leitmeritz (24000 Ew.) verzückt mit seinem Stadtplatz. Ihn prägt das *Mrázovsky dům (Kelchhaus)* aus dem [Insider Tip]

Das 1790 fertiggestellte Schloss von Děčín ist bislang nur teilweise restauriert

16. Jh. Sehenswert ist auch der barocke Dom *St. Stephan* mit Malereien der Cranach-Schule und einem Neorenaissance-Glockenturm. Im Rathaus zeigt das *Kreismuseum (Di–So 10–17 Uhr)* ein illustriertes Gesangbuch von 1520 und ein Stadtmodell. Die ✹ *Stiegen (Machovy schody)* bieten einen schönen Blick über die Altstadt. Übernachten können Sie im Hotel *Salva Guarda (20 Zi. | Mírové nám. 12 | Tel. 416 73 25 06 | Fax 416 73 27 98 | www.salva-guarda.cz | €€)* mit Restaurant. Auskunft: *Mírové nám. 15/7 | Tel. 416 73 24 40. 30 km südöstlich*

TEREZÍN [129 F3]

In der alten Garnisonsstadt Theresienstadt (3000 Ew.) erinnert eine KZ-Gedenkstätte an den Naziterror in Tschechien. Eine Ausstellung mit Filmvorführung vermittelt einen Eindruck von den Grausamkeiten des Lagerlebens. 1940–45 brachte man rund 150 000 Gefangene nach Theresienstadt. 34 000 Menschen starben durch unsägliche Lebensbedingungen, Krankheit, Folter, Mord. Weitere 80 000 der Häftlinge quälte man später in anderen Lagern zu Tode.

Gedenkstätte Theresienstadt: Erinnerung an den Naziterror und seine Opfer

Památník Terezín und Muzeum Ghetta | Okt.–April tgl. 8–16.30 Uhr, Mai–Sept. 8–18 Uhr | Principova alej 304 | www.pamatnik-terezin.cz. 30 km südöstlich

ÚSTÍ NAD LABEM [129 E2]

In Aussig (94 000 Ew.) ist nur wenig historische Bausubstanz übrig. Interessant ist aber die Umgebung. Zu Fuß geht es von der *Burgruine Střekov (Schreckenstein)* auf die ✹ *Vysoký Ostry (Hohe Wostrey)*, einen 585 m hohen Sandsteinfelsen mit einem berauschenden Fernblick. *18 km östlich*

> DIE METROPOLE UND IHRE SATELLITEN

Die Göttin Prag duldet wieder andere Stadtgöttinnen neben sich

> Wie eine fette Spinne hockt Prag im Zentrum Mittelböhmens und streckt die Beine (die Straßen) nach Kolín im Osten, Mladá Boleslav im Nordosten, Mělník im Norden, Kladno im Westen, Příbram im Südwesten und Benešov im Südosten aus. Der nach Westen offene Moldaubogen hat zum Aufbau von Steilhängen geführt, auf einem davon thront die mächtige Burganlage des Hradschin und demonstriert so die überragende Stellung der Hauptstadt – von Kriti-

kern auch Pragozentrismus genannt. Nach wie vor fällt es der Zentrale nicht leicht, Kompetenzen abzugeben. Der Region Mittelböhmen täte man jedoch Unrecht, wenn man sie nur als Umland Prags wahrnähme. Südlich der Hauptstadt schwillt die Moldau durch die Zuflüsse von Berounka und Sázava zu einem stolzen Strom an, ehe sie selbst unterhalb von Schloss Mělník in die Elbe mündet. Die beiden südlichen Neben-

Bild: Prag, Altstädter Ring mit Rathaus und Teynkirche

MITTELBÖHMEN

flüsse durchqueren reizvolle Land-schaftsschutzgebiete (Křivoklátsko, Český kras), die den Pragern als beliebte Naherholungsgebiete dienen. Dass in dieser Region auch die prachtvollsten Schlösser und Burgen des Landes angesiedelt sind, erklärt sich aus der Nähe zum Königssitz auf dem Hradschin. Was den Herrschern damals ihre Schatzkammer auf Burg Karlštejn war, ist den Regierenden von heute der Autobauer Škoda. Die Konstrukteure in Mladá Boleslav schafften in Kooperation mit der Konzernmutter VW den Sprung auf die westlichen Märkte.

KUTNÁ HORA

[130 C5] **Kuttenberg (21 000 Ew.) ist ein mittelalterliches gotisches Kleinod, das in die Gegenwart gerettet und Unesco-Welterbe wurde.** Weder um den *Palacký-Platz* noch sonstwo in der Alt-

KUTNÁ HORA

stadt ist eine Bausünde zu entdecken. Die neben Prag kunsthistorisch wichtigste Stadt Tschechiens ist mit ihren herausragenden Baudenkmälern und gerade auch in ihrem Gesamteindruck fast zu schön, um real zu sein.

aufkamen, weihten die Kirche der Schutzheiligen der Bergleute.

KAMENNÝ DŮM
Im Steinernen Haus, das einzigartige Reliefs schmücken, zeigt das Stadt-

Spätgotisches Juwel ohne Turm: die fünfschiffige St.-Barbara-Kathedrale

■ SEHENSWERTES ■

ČESKÉ MUZEUM STŘÍBRA
Ausstellung zum Silberbergbau im Kastell Hrádek (15. Jh.). *Tgl. 10–16 Uhr | Barborská 28*

CHRÁM SV. BARBORY ⭐
Bei dem Entwurf für die spätgotische Kirche St. Barbara hatte der Prager Baumeister Peter Parler freie Hand. So entstand ein fünfschiffiger Geniestreich. Das weitläufige Innere überspannen ein bemaltes Netzgewölbe und das berühmte Zeltdach. Die Silbergrubenbesitzer, die für den Bau

museum Möbel und Lebensart vom 16. bis zum 19. Jh. *Di–So 9–12 u. 13–16 Uhr | Václavské nám. 183*

KOSTEL SV. JAKUBA
1330–1420 wurde die gotische Jakobskirche mit dem 86 m hohen Turm errichtet. Reiche Ausstattung aus Spätgotik, Renaissance, Barock.

SEDLEC ⭐
Im Stadtteil Sedlec findet sich ein Kuriosum: Das im 12. Jh. erbaute Beinhaus eines Zisterzienserklosters wurde vollständig mit den Knochen

❯ www.marcopolo.de/tschechien

von ca. 40 000 Menschen ausgestattet. Vom Kronleuchter über Monstranzen bis zum Wappen der Schwarzenberger erinnern die makabren Kunstwerke an die Vergänglichkeit irdischen Lebens. *Tgl. 9–12 u. 13–17 Uhr | Zámecká 127 | www. kostnice.cz*

VLAŠSKÝ DVŮR

Ältestes Baudenkmal der Stadt ist der *Welsche Hof* vom Ende des 13. Jhs. Die zentrale Münzstätte Böhmens war seit dem 15. Jh. Residenz der böhmischen Könige. Im Museum sieht man neben historischen Königssälen und der im Jugendstil bemalten Kapelle alte Münzen und Prägestempel. *Tgl. 10–16 Uhr | Havlíčkovo nám. 552*

■ ESSEN & TRINKEN ■

PIVNICE DAČICKÝ

Holzbalkengemütlichkeit mit Livemusik. Tschechische Kost, süffiges Schwarzbier. Reservieren! *Tgl., Rakova 8 | Tel. 327 51 22 48 | €*

■ ÜBERNACHTEN ■

U VLAŠSKÉHO DVORA

Schön renovierter Altbau, private Atmosphäre. *10 Zi. | 28. října 511 | Tel. 327 51 46 18 | Fax 327 51 46 27 | www.vlasskydvur.cz | €€*

■ AM ABEND ■

GUINNESS PUB

Irische Kneipe: Hier gibt es Guinness, Kilkenny und Cider. *Tgl. ab 17 Uhr | Palackého náměstí*

■ AUSKUNFT ■

INFOCENTRUM

Palackého náměstí 377 | Tel./Fax 327 51 23 78 | www.kutnahora.cz

■ ZIELE IN DER UMGEBUNG ■

KOLÍN   [130 C5]

Kolin (31 000 Ew.) besitzt neben der sehenswerten gotischen Hallenkirche *Chrám sv. Bartoloměje* Erinnerungen an seine ehemalige jüdische Gemeinde: westlich der Altstadt *(Zálabí)* einen großen *jüdischen Friedhof* und eine Gedenktafel für über 2000 in KZs verschleppte jüdische Bürger der Stadt. *10 km nordwestlich*

KOUŘIM   [130 B5]

Beachtenswert sind in dem Dorf ie Ausgrabungen von *Stará Kouřim*. Im *Muzeum Kouřimská (Mírové nám. 1)* kann man sich ein Bild von der altslawischen Siedlung und der Stadtgeschichte machen. Das *Muzeum lidovîch staveb Kouřim* zeigt traditionelles Handwerk. *April–Juni, Sept., Okt. Di–So 9–16, Juli, Aug. 9–18 Uhr | Ruská ul. 528. 25 km westlich*

MARCO POLO HIGHLIGHTS

★ **Chrám sv. Barbory**
Ein Geniestreich von Peter Parler in Kutná Hora (Seite 52)

★ **Sedlec**
40 000 Skelette sind hier zu Kunstwerken verarbeitet (Seite 52)

★ **Petřin-Aussichtsturm**
Ein großartiger Blick über die Goldene Stadt (Seite 54)

★ **Karlštejn**
Burg der Superlative: das Schatzhaus Kaiser Karls IV. (Seite 57)

PRAHA (PRAG)

[130 A–B5] Überzeugender als tausend Worte vermittelt ein Blick vom Turm auf dem Petřín die Schönheit der Stadt (1,2 Mio. Ew.). Wie ein in Stein gehauenes Symbol für die Omnipotenz des goldenen „Herzens Mitteleuropas" thront der gigantische Burgkomplex des Hradschin über der „100-türmigen" Moldaumetropole. Ausführlich informiert Sie der MARCO POLO Band „Prag".

■ SEHENSWERTES ■

ALTSTÄDTER RING (STAROMĚSTSKÉ NÁMĚSTÍ) [U D3]

Ein städtebauliches Prunkstück ist der Altstädter Ring. In seiner Mitte steht das Altstädter Rathaus mit einer astronomischen Uhr. *Turmbesteigung April–Sept. Di–Sa 9–18, Okt.–März tgl. 9–17 Uhr*

JOSEFSTADT (JOSEFOV) [U D2–3]

Seit der Sanierung des jüdischen Gettos, bei der nur wenige jüdische Baudenkmäler erhalten blieben, führt die *Pařížská třída,* eine Prachtstraße mit neobarocken und Jugendstil-Bürgerpalästen, zur ältesten erhaltenen Synagoge Europas, der *Altneusynagoge,* und zum *alten jüdischen Friedhof. Alle April–Sept. So–Fr 9.30–18, Okt.–März 9–16 Uhr | Infos: Reisebüro Jüdische Gemeinden in Prag | www.jewishmuseum.cz | Maiselova 15*

KARLSBRÜCKE (KARLŮV MOST) ☀ [U C3]

Dombaumeister Peter Parler machte sich 1357 an die Konstruktion dieser Brücke. Knapp 50 Jahre später war die heute meistbeschrittene Verbindung zwischen Altstadt und Kleinseite vollendet. *Ab Herbst 2008 wird die Brücke ca. zwei Jahre lang restauriert, soll aber trotzdem – mit Einschränkungen – begehbar sein.*

KLEINSEITNER RING (MALOSTRANSKÉ NÁMĚSTÍ) [U B3]

Von der Karlsbrücke verlief der Krönungsweg der böhmischen Könige über die Nerudagasse zur Burg. Eine Station war dabei der Kleinseitner Ring mit *St. Niklas (Chrám sv. Mikuláše),* der bedeutendsten Prager Barockkirche *(tgl. 9–16.45 Uhr).*

LAURENZIBERG (PETŘÍN) ☀ [U A4]

Am Fuß des Parkhügels, der eine Oase in der Stadt und die grüne Lunge Prags ist, besteigen Sie eine Drahtseilbahn *(tgl. 9.15–20.45 Uhr | alle 15 Minuten).* Oben sehen Sie die Barockkirche *St. Laurentius,* eingebettet in die Hungermauer. Höhepunkt des Stadthügels ist eine eigenwillige Kopie des Eiffelturms (Maßstab 1:5) für die Jubiläumsausstellung 1891. Mit 60 m ist der ★ Turm *(Mai–Aug. tgl. 10–22, April, Sept. 10–19, Okt. 10–18, Nov.–März Sa, So 10–17 Uhr)* hoch genug, um ein großartiges Panorama zu eröffnen.

MUSEUM DER STADT PRAG (MUZEUM MĚSTA PRAHY) [U E3]

Die Geschichte Prags illustriert u. a. ein sehr hübsches, beleuchtetes Stadtmodell. *Di–So 9–18 Uhr | www.muzeumprahy.cz | Na poříčí 52*

NATIONALMUSEUM (NARÓDNÍ MUZEUM) [U F5]

Pantheon der Tschechen: nationale Größen in Bronze, Bibliothek mit

1 Mio. Bänden, ethnografische und naturwissenschaftliche Sammlung, Theaterabteilung. *Mai–Sept. tgl. 10–18, Okt.–April 9–17 Uhr | Václavské náměstí 68 | www.nm.cz*

PRAGER BURG (PRAŽSKÝ HRAD) [U A2]

Die Burg ist bis heute das Machtzentrum für Böhmen und Mähren, hier residiert der Präsident. Für Besucher ist der riesige Komplex eher kunsthistorisch interessant. *Ostseite des Hradčanské náměstí | April–Okt. Di–So 9–17, Nov.–März 9–16 Uhr*

REPRÄSENTATIONSHAUS (OBECNÍ DŮM) [U E3]

Das renovierte Sezessionsgebäude mit Wiener Café und französischem Restaurant zeigt neben Sonderausstellungen eine Gesamtsicht auf das Leben zu Beginn des 20. Jhs. (Möbel, Kleider, Plakate etc.). *Di–So 10–18 Uhr | Náměstí Republiky 5*

WENZELSPLATZ (VÁCLAVSKÉ NÁMĚSTÍ) [U E4]

Die Luxusmeile, an der alle namhaften Marken ihre Läden haben, war Schauplatz historischer Dramen: 1969 verbrannte sich hier Jan Palach aus Protest gegen die sowjetische Okkupation, 1989 brachten Hunderttausende Demonstranten das kommunistische Regime ins Wanken.

■ ESSEN & TRINKEN ■

ATMOSFERA [U D2] *Insider Tipp*

In dem Lokal kommen böhmische Leckerbissen und mährische Weine

Prags Moldaubrücken: in der Bildmitte die Karlsbrücke mit dem Altstädter Brückenturm

auf den Tisch. *So–Di geschl. | U milosrdných 10 | Tel. 222 32 01 01 | €€*

HOSTINEC U KALICHA [U E6]
Die Gaststätte des braven Soldaten Schwejk: „Tschechische Küche ist üppig, fett und ungesund – aber sehr gut.“ *Tgl. | Na Bojišti 12–14 | Tel. 296 18 96 00 | www.ukalicha.cz | €€€*

LA PROVENCE [U E3]
Ess- und Trinkkultur Frankreichs in verführerischer Atmosphäre. Darüber gibt es eine stilvolle Brasserie. Reservieren! *Tgl. | Štupartská 9 | Tel. 222 32 48 01 | €€€*

ÜBERNACHTEN

PAŘÍŽ [U E3]
Ein Jugendstilhotel neben dem Pulverturm für ein Wochenende, an dem das Geld keine Rolle spielt. *86 Zi. | U Obecního domu 1 | Tel. 222 19 51 95 | Fax 222 19 59 07 | www.hotel-paris.cz | €€€*

> LOW BUDGET

> Nehmen Sie Decke und Picknickkorb mit und suchen Sie sich auf dem Parkgelände des Hügels *Petřín* (Kleinseite) in mittlerer Höhe einen Platz auf der Wiese: besonders nachts ein atemberaubender Blick auf den Hradschin und die Stadt. *Petřínské sady | Aufgang Újezd*

> Das *Sankturin-Haus* in Kutná Hora widmet sich der Kunst der Alchemie. Tief unten im Kellerlabor können Sie alchemistische Fakten und Ideen entschlüsseln. *Tgl. 10–16 Uhr | Palackého náměstí 377 | www.alchemy.cz | 120 Kronen (Familie)*

RESIDENCE MALÁ STRANA [U B4]
Verwöhnniveau auf der Kleinseite, also in einem der schönsten Stadtviertel. *35 Zi. | Mělnická 9 | Tel. 251 51 03 72 | Fax 251 51 04 06 | www.hotelresidence-malastrana.com | €€€*

AM ABEND

AGHARTA JAZZ CENTRUM ▶▶ [U E5]
Tschechischer Mainstream und spontane Sessions. *Musik tgl. ab 21 Uhr | Železná 16 | www.agharta.cz*

LATERNA MAGIKA [U C4]
Die faszinierende Verbindung von Schauspiel, Pantomime und Kino ist eine tschechische Erfindung. *Eintritt ca. 600 Kronen | Národní 4 | Tel. 224 93 14 82 | www.laterna.cz*

NÁRODNÍ DIVADLO [U C4]
Den ganzen Stolz der Prager und das Symbol kultureller Eigenständigkeit der tschechischen Nation sollte man auch als Theatermuffel von innen gesehen haben. Programm und Karten: fast geschenkt. *Národní 2 | Tel. 224 90 14 48 | www.narodni-divadlo.cz*

AUSKUNFT

AVE TRAVEL [U F4]
Vermittlung günstiger Hotel- und Privatzimmer. *Tgl. 6–23 Uhr | im Hauptbahnhof | www.avetravel.cz*

PRAŽKÁ INFORMAČNÍ SLUŽBA [U D4]
PIS | Staromestské nám. 1 | Tel. 124 44 | www.prague-info.cz

ZIELE IN DER UMGEBUNG

ČESKÝ ŠTERNBERK [130 B6]
Die trutzige Burg Sternberg galt bis ins 15. Jh. als uneinnehmbar. Bis

heute sind hier die Schätze vieler Generationen von Sternbergs zu sehen. *Juli, Aug. Di –So 9–18, Mai, Juni, Sept. 9–17, April, Okt. 9–16 Uhr. 40 km südöstlich*

sammenhängt. Deshalb lohnt der Besuch nicht nur wegen der überwältigenden Ausstattung, sondern auch wegen dieser zum Teil schrulligen Fundstücke. *Mai–Aug. Di–So 9–17,*

Böhmens berühmteste Burg, erbaut auf Befehl eines bedeutenden Kaisers: Karlštejn

KARLŠTEJN ⭐ [129 F5]

Über dem Winzerdorf Karlstein erhebt sich eine Burganlage der Superlative: Das heutige nationale Kulturdenkmal (erbaut 1348–57) war als Schatzhaus für Kaiser Karl IV. konzipiert. Entsprechend prachtvoll geriet die Innenausstattung. *April–Sept. Di–So 9–17, Okt.–März 9–15 Uhr | Voranmeldung für Teile der Besichtigung ist nötig: Tel. 311 68 16 17 | www.hradkarlstejn.cz. 18 km südwestlich*

KONOPIŠTĚ [130 B6]

Die Schlossherren sammelten alles, was mit dem Drachentöter Georg zu-

Sept. 9–16, April, Okt. 9–15 Uhr. 42 km südöstlich

LIDICE [129 F4]

Ein Dorfname mit trauriger Berühmtheit. Am 10. Juni 1942 ermordete die SS als Rache für das Attentat auf Reinhard Heydrich (NS-Reichskommissar für die „Endlösung der Judenfrage" und stellv. Reichsprotektor von Böhmen und Mähren) die 173 Männer des Dorfes. Alle Frauen und Kinder wurden ins KZ Ravensbrück gebracht, das Dorf wurde komplett zerstört. *Gedenkstätte und Museum April–Sept. tgl. 8–17, Okt.–März 8–16 Uhr. 21 km nordwestlich*

> DAS GRÜNE DACH TSCHECHIENS

Burgen und Märchenschlösser zwischen dem Böhmerwald und
den Seen von Třeboň

> **Der bewaldete Mittelgebirgszug, der
den Bayerischen Wald, den Oberpfälzer
Wald, die Šumava und den Český les um-
fasst, bildet seit dem Mittelalter eine Kul-
turlandschaft, die bayerische und böhmische Traditionen verschmolz.**

Damals begann über den Goldenen
Steig von Passau nach Prachatice ein
reger Austausch: Aus Bayern kam
das lebenswichtige Salz nach Böhmen und wurde hier mit Gold be-
zahlt. Nach dem Fall des Eisernen
Vorhangs profitiert die Region heute
von den offenen Grenzen nach Bayern und Österreich: Der wieder be-
lebte Handel beginnt, das alte Nord-
Süd-Gefälle umzudrehen. Während
die altindustriellen Regionen in
Nordböhmen und Nordmähren unter
Strukturkrise und Arbeitslosigkeit
leiden, boomt das vormals ländliche
Südböhmen, dessen einzige Groß-
stadt die Biermetropole České Budějovice ist.

Bild: Český Krumlov

SÜDBÖHMEN

ČESKÉ BUDĚJOVICE (BUDWEIS)

[136 A4–5] **Im Budweiser Becken breitet sich an der Einmündung der Malše (Maltsch) in die Vltava (Moldau) Budweis (95 000 Ew.) aus.** Angesichts der vielen kleinen Orte im Böhmerwald wirkt es wie eine Metropole. Der Markt-

platz beeindruckt nicht nur durch seine Größe, er strahlt auch mediterrane Gelassenheit aus. Vor den schmucken Arkadenhäusern, die den fast quadratischen Mittelpunkt der Stadt säumen, genießen die Budweiser und ihre Gäste ihr Bier.

◼ SEHENSWERTES ◼

BUDĚJOVICKY BUDVAR

Die berühmte Brauerei Budvar bietet Führungen inklusive Verkostung an

ČESKÉ BUDĚJOVICE (BUDWEIS)

(100 Kronen). Telefonische Anmeldung nötig! *So–Fr 10–22, Sa 10–23 Uhr | Karolíny Světlé 4 (nördlich der Altstadt) | Tel. 387 70 53 41 | www.budweiser.cz*

von muskulösen Atlassen gehalten, von seinem Brunnen und scheint zu denken: „Hír bin ich Menš, hír darf ichs sajn!" Das dreitürmige *Rathaus* spiegelt das Selbstbewusstsein wider,

Brauerei Budvar: Was hier gebraut wird, ist wahrhaft in aller Munde

CHRÁM SV. MIKULÁŠE ❄

Den 72 m hohen Kampanile *Černá věž (Schwarzer Turm)* an dem barocken Dom ziert eine toskanische Säulengalerie, zu der 360 Stufen emporführen. *März–Nov. Di–So 10–17 Uhr, Juli u. Aug. bis 19 Uhr | U Černé věže*

NÁMĚSTÍ PŘEMYSLA OTOKARA II. ⭐

Der zentrale Marktplatz mit seinen umlaufenden Arkaden und den prächtigen Renaissance- und Barockhäusern beeindruckt jeden Besucher. Fröhlich blickt der barocke *Samson*,

mit dem die Bürger im „Siena Südböhmens" ans Werk gingen.

SOLNICE

Wie das Salzhaus mit seinem Treppengiebel, die ehemaligen Fleischbänke und der vom Volksmund „Eiserne Jungfrau" getaufte Burgturm mit Wehrgang erinnern die mittelalterlichen Gassen um den Hauptplatz an die Blüte der Stadt im 16. Jh. Die Budweiser verdienten sich mit der Lagerung von Salz, mit Fischzucht in den Weihern rund um die Stadt und mit ihrem Budvar eine goldene Nase.

> www.marcopolo.de/tschechien

ESSEN & TRINKEN

HOTEL FILIP

Gemütliches Hotelrestaurant in der Fußgängerzone mit guter Küche, Salon und Winterterrasse. *Tgl. | Lannova 51 | Tel. 386 35 08 41 |* €

KLIKA

Echt südböhmische Speisen. Entzückende Terrasse. *Tgl. | Hroznova 25 | Tel. 387 31 83 60 |* €€€

PIZZERIA REGINA

Vorzügliche Pizzen und Salate in stylischem Ambiente. *Tgl. | Krajinská 41 | Tel. 386 35 09 99 |* €€

ÜBERNACHTEN

GRAND HOTEL ZVON

Historisches Haus mit Restaurants und Café. *70 Zi. | Náměstí P. Otakara II. 28 | Tel. 381 60 16 01 | Fax 381 60 16 05 | www.hotel-zvon.cz |* €€€

HOTEL ZÁTKOV DUM

Hotel mitten in der historischen Altstadt. *10 Zi. | Krajinská 41 | Tel. 387 00 17 10 | Fax 387 00 17 11 | www.zatkuvdum.cz |* €€€

AUSKUNFT

MĚSTSKÉ INFORMAČNÍ CENTRUM

Náměstí P. Otakara II. 2 | Tel./Fax 386 80 14 14 | www.c-budejovice.cz

ZIELE IN DER UMGEBUNG

HLUBOKÁ NAD VLTAVOU ⭐ [135 F4]

83 m über einer Moldauschleife thront Schloss Frauenberg, das 1840–71 nach dem Vorbild von Schloss Windsor in England umgebaut wurde. Die Sammlungen in den 140 Räumen dokumentieren adelige Wohnkultur mehrerer Generationen. In der einstigen Reitschule zeigt die *Alšova Jihočeská Galerie (Aleš-Galerie)* Gemälde aller südböhmischen Maler von Rang seit dem Mittelalter. Besonders hübsch: die witzig-kreativen Werke der letzten Jahrzehnte im hinteren Raum. *Mai–Sept. tgl. 9–12 u. 13–18 Uhr, Okt.–April tgl. 9–11.30 u. 12.30–16 Uhr. 9 km nördlich*

Insider Tipp

KLOSTER LOMEC [135 F4]

Die Barockkirche im Wald ist ein Kleinod und eine heimliche Wallfahrtskirche. Auffällig ist der mit Säulen und Baldachin verzierte Altar. *25 km nordwestlich*

MARCO POLO HIGHLIGHTS

⭐ Náměstí Přemysla Otakara II.
Der Budweiser Marktplatz besticht mit seiner Gesamtkomposition (Seite 60)

⭐ Hluboká nad Vltavou
Ein neogotisches Märchenschloss mit 140 Räumen (Seite 61)

⭐ Prachatice
Die Renaissancestadt wartet mit besonderen Sgrafittomalereien auf (Seite 68)

⭐ Český Krumlov
Das einzigartig geschlossen erhaltene Stadtensemble im Stil der Renaissance wurde 1992 von der Unesco zum Weltkulturerbe erklärt (Seite 62)

⭐ Museum des Animationsfilms
Das Wasserschloss Kratochvíle ist fantastische Kulisse für eine Ausstellung zum tschechischen Trickfilm (Seite 70)

ČESKÝ KRUMLOV

[135 F5] ⭐ **Wenn die Tagesgäste abgereist sind, ist das Mittelalter in Krumau (14 000 Ew.) mit Händen zu greifen.** Wer sich diesem Kulturidyll nach Einbruch der Dunkelheit nähert und unter der Mantelbrücke hindurch die Stadt betritt, blickt gebannt die im Zwielicht surreal geäderten Felsen empor, aus denen organisch die Mauern des Rosenberger Schlosses wachsen. Windschiefe Häuser buckeln eng aneinander gedrängt, verwinkelte Gässchen scheinen sich zwischen ihnen hindurch einen Weg bahnen zu wollen.

▀ SEHENSWERTES ▀

MEZINÁRODNÍ KULTURNÍ CENTRUM EGONA SCHIELÉHO

Neben Zeichnungen und Aquarellen des Expressionisten sind im Egon-Schiele-Zentrum wechselnde Sonderausstellungen (vor allem Künstler der k. u. k. Monarchie) zu sehen. Egon Schiele, dessen Mutter aus Český Krumlov stammte, lebte hier nur zwei Jahre (1910/11). Dann ergriff er die Flucht, weil er wegen freizügiger Aktzeichnungen Probleme mit der Justiz bekam. Sein Leben und sein früher Tod sind anhand von Fotos und Dokumenten dargestellt. *Tgl. 10–18 Uhr | Široká 71 | www.schiele artcentrum.cz*

NÁMĚSTÍ SVORNOSTI

Die 1992 von der Unesco zum Welterbe erklärte Altstadt ist für Autos gesperrt (Ausnahme: Hotelzufahrt). Auf dem Hauptplatz mit seinen schönen Renaissancehäusern stechen das *Rathaus* und eine *Pestsäule* hervor.

ZÁMEK

Die mittelalterliche Burg von Krumau wurde im 16. Jh. zum Renaissanceschloss umgebaut. Durch das *Bärentor* mit **zwei echten Bären** im Burggraben gelangt man in den ersten Hof mit *Brunnen, Burggrafenamt* und *Alter Münze.* Weiter stehen dort der Wohntrakt, der *Hrádek (Kleine Burg)* und der gotische Rundturm. In der oberen Burg befinden sich das *Rosenberg-Zimmer,* die *Georgskapelle* (Südflügel) und eine zweite Kapelle. Im Westflügel erwartet Sie der sehenswerte *Maskensaal.* In ihm ist Illusion Programm. Nur mit malerischen Mitteln verwandelte Hofmaler Josef Lederer den leeren Raum in einen Theatersaal voller maskierter Partygäste aus der italienischen Commedia dell'Arte. Zum *Spätbarocktheater* mit erhaltener Ausstattung (Kulissen, Kostüme) führt eine weitere Brücke. Es schließen sich eine Reithalle und der *Schlosspark* mit dem Gartenpavillon Bellarium an. *April, Mai, Sept., Okt. Di–So 9– 12 u. 13–16, Juni–Aug. 9–17 Uhr*

▀ ESSEN & TRINKEN ▀

HOTEL OLD INN

In Gewölben eines Bierkellers aus dem 13. Jh. gibt es Grillspezialitäten und viele der besten Biere des Landes. *Tgl. | Náměstí Svornosti 12 | Tel. 380 77 25 00 | €€*

▀ ÜBERNACHTEN ▀

NA LOUŽÍ

Hübsches Hotel in einem Renaissancehaus mit Möbeln aus den Jahren 1910 bis 1939. *7 Zi. | Tel./Fax 380 71 12 80 | Kájovská 66 | www. nalouzi.cz | €€*

PENSION U ZÁMKU

Exklusive Pension in einem Gebäude aus dem 16. Jh. am Fuß des Schlossbergs. Sechs geräumige, in verschie-

line). *P. Maleček s. r. o. | Rooseveltova 28 | www.malecek.cz*

HOSPODA NA LOUŽÍ

Winzige alte Kneipe, Einrichtung aus den 30ern. Reservieren! *Kájovská 66 | Tel. 380 71 12 80*

Gekrönt von einem Renaissanceschloss: das mittelalterliche Stadtensemble von Krumau

denen Stilen eingerichtete Zimmer. ☸ Terrasse mit tollem Blick auf den Schlossturm. *Zámecké schody 9 | Tel. 777 75 17 69 | www.pensionuzamku. krumlov.cz | €€*

ZLATÝ ANDĚL

Insider Tipp

Liebevoll eingerichtete Kneipe. Livemusik. *Náměstí Svornosti 11 | www.hotelzlatyandel.cz*

■ SPORT & FREIZEIT ■

FLUSSWANDERN

Touren auf der Moldau (mit Rücktransport); Bootsverleih (auch on-

■ AUSKUNFT ■

INFOCENTRUM

Náměstí Svornosti 2 | Tel. 380 70 46 22 | Fax 380 70 46 19 | www.ckrumlov.cz

ZIELE IN DER UMGEBUNG

HORNÍ PLANÁ [135 E5]

Oberplan (2000 Ew.) liegt im Sommerurlaubsgebiet am Lipno-Stausee. *Museum* im Geburtshaus des Schriftstellers Adalbert Stifter *(Di–So 10–18 Uhr | Palackého 21).* Gutes Essen und ein Bett gibt es im *Hotel Na Pláži (30 Zi. | Tel. 380 73 83 74 | www.hotel-plaz.cz | €€)* Am See eine sehr schöne Chaty-Siedlung (mittelgroße Holzhäuser mit Balkon und vier Betten). *28 km westlich*

ROŽMBERK NAD VLTAVOU [135 F6]

Von der Burg der Rosenberger steht noch ein Rundturm. An- und Umbauten gaben der Burg ihr heutiges Aussehen. Das ganze Gebäude steckt voller Stilmöbel des 16. und 17. Jhs. und Renaissancekachelöfen. Interes-

sante manieristische Ausmalungen im Rittersaal (1601–16). *April–Okt. Di–So 9–17 Uhr. 18 km südlich*

VYŠŠÍ BROD [135 F6]

Stift Hohenfurth ist wegen seiner frühgotischen Kirche und der barocken *Bibliothek* mit Intarsienschränken *(tgl. 8.30–17 Uhr | www.stift-hohenfurth.info.)* berühmt. Sehenswert das Kreuzrippengewölbe in Kirche und Kreuzgang. Im Klosterareal: *Museum zum Postwesen* ab dem 16. Jh. *(Mai–Sept. Di–Sa 9.30–16.30, So 13–16.30 Uhr). 34 km südlich*

ZLATÁ KORUNA [135 F5]

Vom berühmten Kloster Goldenkron sind eine imposante gotische Kirche und ein Teil der Inneneinrichtung erhalten. *7 km nordöstlich*

JINDŘICHŮV HRADEC

[136 B4] **Neuhaus (22 000 Ew.) bezieht seinen Charme von der Insellage am Fuß der Böhmisch-Mährischen Höhe zwischen dem Vajgar-See und dem Fluss Nežárka.** Die Altstadt innerhalb der Stadtmauer bietet ein fast geschlossenes Renaissancebild mit Einsprengseln aus Mittelalter und Barock. Zur Blütezeit der Tuchmacherstadt im 15. und 16. Jh. erfolgte der Umbau der mittelalterlichen Burg in ein italienisches Renaissanceschloss.

SEHENSWERTES

KOSTEL SV. JANA KŘTITELE

An die asymmetrische zweischiffige *Kirche Johannes' des Täufers* mit gotischen Wandmalereien schließt das

Minoritenkloster mit Fresken aus dem 14. Jh. im Kreuzgang an.

MUZEUM JINDŘICHOHRADECKA

Das Museum im alten Jesuitenseminar zeigt gotische Plastiken, Gemälde (Renaissance bis 20. Jh.) und die weltgrößte mechanische Wei-

Treppen und Arkaden auf toskanischen Säulen. Die *Statuengruppe* mit Maria und Dreifaltigkeit ist das bedeutendste Barockdenkmal der Stadt.

ZÁMEK

Von der gotischen Burg sind mehrere Höfe, eine Kapelle mit Wandgemäl-

Dient als Konzertsaal: der Gartenpavillon der Burg von Jindřichův Hradec

nachtskrippe. *Tgl. 9–12 u. 12.30–16.30 Uhr | Balbínovo nám. 19*

NÁMĚSTÍ MÍRU

Auffälligstes Bürgerhaus auf dem spitz zulaufenden Marktplatz ist das *Langer-Haus (Nr. 139/1)* mit Arkadenflügel und herrlichen figuralen Sgraffiti. Ein Blick in die Häuser Nr. 86 und 87 lohnt, stößt man hinter den Toren doch auf palazzoartige

dezyklus zur Georgslegende und eine wegen des offenen Kamins sogenannte schwarze Küche erhalten. Der *Renaissancepalast* mit dreistöckigen Arkaden und der einzigartige *Gartenpavillon (Rondell)* mit reichen plastischen Verzierungen stammen aus dem 16. Jh.; im Turm allegorische Wandmalereien. *Di–So 9–12 u. 13–17 Uhr | im Juli um 21.30 Uhr* Nachtwanderung durch die Burg

Insider Tipp

◼ ESSEN & TRINKEN ◼

Insider Tipp

ZLATÁ HUSA

Sehr gutes Essen in der modernen Atmosphäre des Hotels *Concertino*. Viele Wild- und Fischspezialitäten und eine exquisite Salatbar. *Tgl. | Náměstí Míru 141/I | Tel. 384 36 23 20 |* €€€

Barocker Figurenschmuck krönt das Rathaus von Písek

◼ ÜBERNACHTEN ◼

CONCERTINO

Modernes, stimmungsvolles Haus mit Restaurant, Grillterrasse, Bierstube und Cafébar. *37 Zi. | Náměstí Míru 141 | Tel. 384 36 23 20 | Fax 384 36 23 23 | www.concertino.cz |* €€€

CYKLOPENZION KASPER

Insider Tipp

Pension mit persönlicher Atmosphäre. Radtouristen sind besonders willkommen. *8 Zi. | Náměstí Míru 178 | Tel. 384 36 14 74 | www.cyklo penzion.cz |* €€

◼ AUSKUNFT ◼

INFORMAČNÍ STŘEDISKO

Panská 136 | Tel. 384 36 35 46 | Fax 384 36 15 03 | www.jh.cz

◼ ZIELE IN DER UMGEBUNG ◼

CĔRVENÁ LHOTA [136 B3]

Das bildhübsche Renaissance-Wasserschlösschen ist durch eine Steinbrücke mit dem Festland verbunden. Es ist ausgestattet mit barocken Stuckaturen und Fresken, einer intimen Einrichtung aus Barock und Rokoko, schönen Kachelöfen sowie mit einer Reihe außergewöhnlicher Gemälde. *16 km nordwestlich*

LODHÉŘOV [136 B3]

Toller Rundblick vom 659 m hohen ☀ *Čertův Kámen (Teufelstein). 12 km nördlich*

SLAVONICE [136 C4]

Zlabings (2500 Ew.) besitzt eine gotische *Kirche* mit Renaissanceturm und zwei schön erhaltene *Stadtplätze* mit sgraffitiverzierten Giebelhäusern. *35 km südöstlich*

PÍSEK

[135 F3] Der schönste Blick auf die alte Hussiten- und Goldwäscherstadt Písek (30 000 Ew.) eröffnet sich von der ✿ *Starý kamenný most (Hirschbrücke)* **über die Otava.** Die älteste Steinbrücke Böhmens aus dem 13. Jh. mit ihren barocken Figuren verbindet die Píseker Altstadt mit neueren Stadtteilen.

◼ SEHENSWERTES ◼◼◼

ALŠOVO NÁMĚSTÍ
Einige hübsche Renaissance- und Jugendstilfassaden säumen den unteren Platz der Stadt.

KOSTEL NAROZENÍ P. MARIE
Bis in 74 m Höhe reicht der reliefgeschmückte Turm der gotischen *Stadtkirche Mariä Geburt,* deren Außenpfeiler mit an dieser Stelle ungewöhnlichen Fresken versehen sind. Innen lohnt das gotische Tafelbild „Madonna von Písek" eine längere Betrachtung.

PRÁCHEŇ-MUSEUM
Geschichte des Kreises Písek und der ehemaligen Prácheň-Region. Besonderheit: eine Ausstellung zur Goldwäscherei im Otava-Gebiet. *April–Okt. Di–So 9–17, Nov.–März 9–16 Uhr | Velké nám. 114*

VELKÉ NÁMĚSTÍ
Am Hauptplatz fallen zwei Bauten ins Auge: das barocke *Alte Rathaus* mit allegorischem Figurenschmuck und kirchenähnlichen Türmen, in dessen Hof ein gotischer *Palas* der im 16. Jh. abgebrannten Königsburg überdauerte, und die schöne Fassade der *Dominikanerkirche.*

WASSERKRAFTWERK
Kurz vor der Hirschbrücke können Sie im Museum der Křižik-Kraftwerke erfahren, wie aus Wasser Energie gewonnen wird. *Di–So 8–12 u. 13–16 Uhr | Pod skalou*

◼ ESSEN & TRINKEN ◼◼

CITY HOTEL
Hotelrestaurant. Empfehlenswert sind die Fischspezialitäten. *Tgl. | Alšovo nám. 35 | Tel. 382 21 56 34 | €€*

CUKRÁNA POD VĚŽÍ
Nettes Café bei der Kirche. *Tgl. | Tel. 382 21 69 92 | Janáčkova, Ecke Bakarláře*

◼ ÜBERNACHTEN ◼◼

U KAPLIČKY
Etwas außerhalb gelegenes modernes Hotel. Die Zimmer des ersten Stocks mit Balkon. *25 Zi. | Budějovická 2404 | Tel. 382 21 62 69 | Fax 382 21 53 00 | www.hotelukaplicky.cz | €€*

U KLOUDŮ
Kleine, hübsche Pension im Zentrum, die auch ein sehr ordentliches Restaurant zu bieten hat. *14 Zi. | Nerudova 66 | Tel. 382 21 08 02 | €*

◼ AUSKUNFT ◼◼

INFOCENTRUM
Heydukova 97 | Tel./Fax 382 21 35 92 | www.icpisek.cz

◼ ZIELE IN DER UMGEBUNG ◼

BLATNÁ   [135 E3]
Das Rosenzuchtstädtchen Platten (6500 Ew.) überrascht mit einem großen *Wasserschloss* im Stil der Windsors. Gotische Malereien im Hauptturm, Reste einer romanischen

Kapelle *(Mai–Sept. Di–So 10–18 Uhr | Na Příkopech 320).* 28 km nordwestlich

ORLÍK NAD VLTAVOU [135 F2]
Schloss Orlík, das früher hoch über der Moldau thronte, steht heute am Ufer eines Stausees. *April, Okt. Di–So 9–16, Mai, Sept. 9–17, Juni–Aug. 9–18 Uhr.* 25 km nördlich

STRAKONICE [135 E3]
In Strakonitz (24 000 Ew.) gibt es sehenswerte Bauernbarockhäuser und eine *Johanniterburg* mit Wandmalereien in der Kapelle. Besondere Themen im *Schlossmuseum (Di–So 8–17 Uhr):* Goldwäscherei, Dudelsackpfeifen. *20 km westlich*

ZVÍKOV [135 F3]
Über dem Zusammenfluss der Otava und der Moldau thront die *Burg Zvíkov (Klingenberg).* Ein herrlicher Arkadenhof und Fresken des 15. und 16. Jhs. machten sie zu einem Juwel des böhmischen Mittelalters. Amüsant sind vor allem die profanen Fresken im Tanzsaal. *April, Mai, Sept., Okt. Sa, So 9–16 Uhr, Juni–Aug. Di–So 9–17.30 Uhr.* Vom Ort

Zvíkov aus erreicht man *Schloss Orlík* per Schiff besonders romantisch *(Sa, So 11 u. 15 Uhr | Information unter Tel. 38 29 61 97).* 15 km nördlich

PRACHATICE

[135 E4] ⭐ Durch das *Písecká brana (Piseker Tor)* betreten Sie das mittelalterliche Prachatitz (12 000 Ew.). Das Städtchen am ehemaligen Goldenen Steig ist seit dem 16. Jh. nahezu unverändert. Auf seinem wunderschönen *Renaissance-Marktplatz* stehen reich mit Sgraffiti verzierte Bürgerhäuser, und die *Dekanatskirche* mit ihrem hoch aufragenden Turm zieht alle Blicke auf sich.

■ SEHENSWERTES
DOLNÍ BRÁNA
Die Außenwand des zinnengekrönten *Unteren Píseker Tors* ziert eine Abbildung Wilhelms von Rosenberg zu Pferd. Im Torbogen findet man noch Laufrollen der einstigen Zugbrücke.

KOSTEL SV. JAKUBA
Die spätgotische *Dekanatskirche St. Jakob* hat einen ungewöhnlich hohen Dachstuhl und nur einen Turm. Im

➤ BÖHMISCHE DÖRFER
Ein deutsch-tschechisches Babylonien

Eine der Erklärungen für diese Redewendung besagt, mit ihr hätten die deutschen Siedler die für sie unaussprechlichen tschechischen Ortsbezeichnungen verulkt. Zugegeben, Namen wie Valašské Meziříčí (sprich: Walaschskä Mäsirschietschie) oder České Budějovice (sprich: Tscheskä Budjejo-

wize) gehen Deutschen nicht auf Anhieb über die Zunge. Beide Völker taten im Übrigen ihr Bestes, um mit ihren Namensschöpfungen eine Sprachverwirrung herbeizuführen, die nicht unwesentlich zu den deutsch-tschechischen Verständigungsschwierigkeiten beigetragen haben dürfte.

Inneren findet sich ein interessantes Netzgewölbe.

LITERATENSCHULE
Besonders schöne Sgraffiti sind in der Attika der Literatenschule (16. Jh.) zu entdecken. *Haus Nr. 29 in der Nähe des Píseker Tors*

PRACHATICKÉ MUZEUM
Das *Stadtmuseum* ist in einem Giebelhaus am Marktplatz untergebracht. Es zeigt eine Dokumentation des Salzhandelswegs über den Goldenen Steig sowie regionale Funde aus der Vor- und Frühgeschichte und widmet sich der Renaissance – dem goldenen Zeitalter der Stadt Prachatice. *Di–So 9–12 u. 13–17 Uhr | Velké náměstí 13*

VELKÉ NÁMĚSTÍ
Auf dem Hauptplatz sticht das *Alte Rathaus* mit antiken und biblischen Sgraffitiszenen nach Motiven Hans Holbeins heraus. Die reichen Bürger ließen der Fantasie ihrer Fassadenmaler freien Lauf: Ein etwas verfremdetes Elefantenporträt an der Seitenfront des *Fürstenhauses* Nr. 169 verrät das Interesse der Handelsstädter an exotischen Ländern.

Insider Tipp

◼ ESSEN & TRINKEN

BASTION
Vornehmes Lokal in der alten Bastion an der Stadtmauer. Böhmische und internationale Küche. *Tgl. | Hradební 175 | Tel. 388 31 66 66 | €€*

VANESA
Café direkt am Tor mit Terrasse. Schöner Blick auf die alte Stadtbefestigung. *Tgl. | Kostelní náměstí 28*

Beispiel für die Kunst des Sgraffito: das Alte Rathaus von Prachatice

◼ ÜBERNACHTEN

HOTEL ALBATROS
Sehr kindgerechtes, modernes Hotel mit Squash, Schwimmbad („Meereslagune") und Sauna. *24 Zi. | Vodňanská 1321 | Tel./Fax 388 31 14 00 | www.albatros-pt.cz | €€*

HOTEL KORUNA
Altes Haus am Stadtplatz mit Balkendeckenrestaurant (Grillspezialitäten). *23 Zi. | Velké náměstí 48 | Tel./Fax 388 31 01 77 | www.pthotel.cz | €–€€*

PRACHATICE

■ AM ABEND ■

VINÁRNA POD VĚŽÍ

Weinstube im Stadttor. Es gibt Gambrinus-Bier und kleine Speisen. *Tgl. 10–23 Uhr | Kostelní náměstí*

■ AUSKUNFT ■

INFOCENTRUM

Velké nám. 1 | Tel./Fax 388 31 25 63 | www.prachatice.cz

■ ZIELE IN DER UMGEBUNG ■

HUSINEC [135 E4]

An den berühmten Reformator Jan Hus erinnern Museum und Denkmal (1958) in seinem Geburtsort. *Mai–Sept. Di–So 8–12 u. 13–16 Uhr | Husova 37. 5 km nördlich*

KAŠPERSKÉ HORY [135 D4]

Der einstige Goldbergbauort Bergreichenstein (2000 Ew.) liegt in der Šumava. Zu sehen gibt es die *Burgruine Kašperk* aus dem 14. Jh., die *Friedhofskirche* mit sehenswerten gotischen Wandmalereien und ein Renaissancerathaus. *35 km nordwestlich*

KRATOCHVÍLE [135 F4]

Das wunderschöne Wasserschloss mit dem treffenden Namen „Kurzweil" ließen im 16. Jh. die Rosenbergs erbauen. Umfassung und Innenwände sind mit figürlichen Motiven und Ornamenten dekoriert. Sehenswerte *Schlosskapelle*.

In den mit Stuck verzierten Innenräumen ist ein einzigartiges ★ *Museum des Animationsfilms* für die legendären tschechischen Zeichentrick- und Puppenfilme („Kleiner Maulwurf", „Špejbl und Hurvínek") untergebracht. Von der Skizze bis zum Aufbau ganzer Szenen wird alles vorgeführt, ==auch per Video.== *April, Okt., Sa, So 9–16 Uhr, Mai–Sept. Di–So 9–16 Uhr, Juni–Aug. Di–So 9–17 Uhr. 15 km nordöstlich*

Insi Tir

LIBÍN [135 E5]

Eine tolle Aussicht über den Böhmerwald bietet der ☀ Turm auf dem Berg Libín (1096 m) mit uriger *Berghütte*, in der man essen und trinken oder auch übernachten kann (€). *5 km südlich*

Schlösschen der Schwarzenbergs in hübscher Lage über dem Städtchen Vimperk

SÜDBÖHMEN

SUŠICE [135 D3–4]

Schüttenhofen (12 000 Ew.) hat einen schönen *Marktplatz* mit gotischen Bürgerhäusern und einen *jüdischen Friedhof* aus dem 17. Jh. Die spätgotische Dechantei mit Renaissance-Attika beherbergt heute das *Muzeum Šumavy (Böhmerwaldmuseum)* mit einer witzigen Ausstellung rund um das Thema Zündhölzer, die hier seit über 150 Jahren hergestellt werden *(Mai–Okt. Di–Sa 9–12 u. 13–17, So 9–12 Uhr)*. 45 km nordwestlich

VIMPERK [135 E4]

Winterberg (8000 Ew.) ist Ausgangspunkt für Touren in das Urwaldgebiet um den 1362 m hohen Berg *Boubín*. Es steht seit 1858 unter Naturschutz: Geboten werden ein Naturlehrpfad und 300–400 Jahre alte Bäume. Im Schloss der Schwarzenbergs gibt es ein *Museum (Di–So 9–16 Uhr)* zur Glasmacherei im Böhmerwald und zum Buchdruck. *Touristinfo | Nám. Svobody 42 | Tel. 388 41 18 94 | Fax 388 41 48 22 | www.info.vimperk.cz.* 17 km westlich

TÁBOR

[136 A3] Revolutionär sieht Tábor (36 000 Ew.), ehemals Lager *(tábor)* des Hussitenführers Jan Žižka und seiner radikalen Taboristen, nicht gerade aus. Aber die mittelalterliche Stadtgründung auf einer Anhöhe zwischen dem Jordanteich und dem Fluss Lužnice soll ja schließlich auch den biblischen Berg Tábor verkörpern. Die teilweise erhaltenen Befestigungen umrahmen einen geschlossenen Altstadtkern, der mit seinen verwinkelten Gassen und dem zentralen *Žižkovo náměstí* seinen Zweck lange Zeit erfüllte: Das Hussitenlager samt seinem unterirdischen Labyrinth diente den heiligen Kriegern als weit verzweigtes Zufluchtsnetz.

SEHENSWERTES

HUSSITENMUSEUM

Im Rathaus wird die Geschichte dieser Bewegung illustriert. Außerdem ist es Ausgangspunkt für Führungen durch die mittelalterlichen Gänge unter der Stadt. *Mai Di–So, Juni–Sept. tgl., Okt.–April Mo–Fr 8.30–17 Uhr | Nám. Mikuláše z Husi 44 | www.hus muzeum.cz*

Insider Tipp

KOTNOV

Von der Burg am Bechiner Stadttor *(Bechyňská brána)* überdauerte nur ein Rundturm die Hussitenkriege. Abteilung des *Stadtmuseums:* „Leben und Arbeiten im Mittelalter" *(Mai–Sept. Di–So 8.30–17 Uhr)*.

ŽIŽKOVO NÁMĚSTÍ

Auf dem Žižka-Platz ist die gotische *Dekanatskirche* das geistliche Pendant zur weltlichen Macht im *Rat-*

haus. Außerdem stehen hier schöne Renaissancehäuser und ein Standbild des einäugigen Jan Žižka.

ESSEN & TRINKEN
U ČERVENÉHO KONĚ
Böhmisch essen gehen in bunt bemalten Gewölben. *Tgl. | Krizikova 31 | Tel. 381 25 53 20 | €*

ÜBERNACHTEN
HOTEL NAUTILUS
Luxus in alten Mauern, direkt am Stadtplatz. *22 Zi. | Žižkovo nám. 20 |*

Tel. 380 90 09 00 | Fax 380 90 09 99 | www.hotelnautilus.cz | €€€

AM ABEND
ALFA BAR ▶▶
Treff der Táborer Jugend. *Mo–Do 16–2, Fr, Sa 14–2, So 14–24 Uhr | Klokotská 107*

AUSKUNFT
INFO CENTRUM
Žižkovo nám. 2 | Tel. 381 48 62 30 | Fax 381 48 62 39 | www.tabor.cz

ZIEL IN DER UMGEBUNG
PELHŘIMOV   [136 C2–3]
Pilgram (17000 Ew.) im Westteil der Böhmisch-Mährischen Höhe hat eine sehenswerte ovale Altstadt mit vielen Giebelhäusern und interessante Stadttore. Im Schloss (16. Jh.) ist das *Kreismuseum (Di–So 9–16 Uhr)* untergebracht. Mitte Juni findet hier das *Kuriositätenfestival* statt. *44 km östlich*

Genialer Feldherr der Utraquisten, der radikalen Hussiten: Jan Žižka von Trocnov

TŘEBOŇ
[136 A4] **Einziges Kapital der Bürger von Wittingau (9000 Ew.) waren seit jeher die vielen Seen im Wittingauer Becken, das sie zum Zentrum der böhmischen Teichwirtschaft ausbauten.** Das lauschige Wasserstädtchen zwischen *Zlatá stoka (Goldener Kanal)* und *Rybník svět (Weltteich)* besitzt eine idyllische Altstadt, der die kunstsinnigen Rosenberger ihren Stempel aufdrückten.

SEHENSWERTES
CHRÁM SV. JILJÍ
Vom Originalinventar der *Augustinerklosterkirche* sind gotische Wand-

malereien und die *Madonna von Wittingau* (1390) erhalten.

MASARYKOVO NÁMĚSTÍ

Aus dem Ensemble bezaubernder Laubenhäuser sticht das *Rathaus* an der Südseite hervor. Ein *Brunnen* und eine *Mariensäule* komplettieren das Bild. Das *Neuhauser Tor (Hradecká brána)* begrenzt den Platz im Osten.

PIVOVAR

Hinter dem *Schweinitzer Tor (Svínenská brána)* befindet sich das mittelalterliche *Zeughaus,* das später als Brauerei genutzt wurde.

STÁTNÍ ZÁMEK

Im 16. Jh. gründete Wilhelm von Rosenberg die große Schlossanlage am Masaryk-Platz als Stammhaus seines Geschlechts. Zu besichtigen sind ein 108 m langer Gang, das Renaissanceinventar und der riesige englische Garten. *Di–So 9–17 Uhr*

VODÁCKÁ BAŠTA

Die *Wasserbastei,* ein Rest der Stadtbefestigung, liegt südlich vom Gratzener Tor (Novohradská brána). Im Park beim Weltteich finden Sie die *Schwarzenbergsche Gruft* aus dem 19. Jh. *April–Okt. Di–So 9–17 Uhr*

■ ESSEN & TRINKEN

U ČOCHTANA

Gemütliches Lokal mit angeschlossener Weinstube. *Tgl. | Březanová 7 | Tel. 384 72 47 40 | €€*

■ ÜBERNACHTEN

HOTEL MYSLIVNA

Rustikales, kleines Hotel mit Terrasse. Drinnen dreht sich alles um die Jagd: Hirschgeweihe etc. *15 Zi. | Rožmberská 33 | Tel. 384 72 18 33 | Fax 384 72 60 73 | www.myslivna.com | €*

ZLATÁ HVĚZDA

Stilvolle Zimmer in einem renovierten Renaissance-Arkadenhaus. *48 Zi. | Masarykovo náměstí 107 | Tel. 384 75 71 11 | Fax 384 75 73 00 | www.zhvezda.cz | €€€*

■ AM ABEND

TORPEDO ▶▶

Rockclub. Freitags tschechische Bands. Eintritt Disco frei, bei Konzerten 25 Kronen. *Mo–Fr 13–24, Sa 18–3, So 17–24 Uhr | Zámek 110*

■ AUSKUNFT

INFORMAČNÍ STŘEDISKO

Masarykovo náměstí 103 | Tel. 384 72 11 69 | Fax 384 72 13 56 | www.trebon-mesto.cz

■ ZIELE IN DER UMGEBUNG

CHLUM U TŘEBONĚ   [136 B5]

Das kleine Chlum (1800 Ew.) ist nicht nur ein beliebter Naherholungsort mit guten Bademöglichkeiten am Hejtman-Teich, sondern es bietet mit seinem *Barockschloss* und dem schönen Park auch ein wenig kulturelle Erbauung. In der *Kristallglashütte* können Sie böhmisches Glas der Marke Český křišťal kaufen. *12 km südöstlich*

ROŽMBERSKÝ RYBNÍK   [136 A4]

In der Seenlandschaft um Třeboň herum ist besonders der Ende des 16. Jhs. angelegte, 4,9 km^2 große Rosenberger Teich einen Ausflug wert. *3 km nördlich*

> „EDLE FROUWEN" UND RASSEPFERDE

Herrliche Bauwerke der Renaissance inmitten altböhmischer Jagdgründe

> Zwischen den rauschenden Wäldern des Adlergebirges an der nordöstlichen Landesgrenze und der sanften Hügellandschaft der Böhmisch-Mährischen Höhe erstreckten sich in der fruchtbaren Elbebene die Jagdgründe des ostböhmischen Geschlechts derer von Pernstein.

Diese hinterließen nicht nur zahlreiche Jagdschlösser, sondern mit der im 16. Jh. nach einem einheitlichen Plan umgebauten Stadt Pardubice auch die mustergültige Idealanlage

einer Renaissancestadt. 20 km nördlich liegt Hradec Králové (Königgrätz) und wartet noch immer auf seine touristische Entdeckung. Obwohl die „Burg der böhmischen Königinnen" (die Stadt trägt diesen Namen, weil einst Edelfrauen hier residierten) im 18. Jh. einem bischöflichen Seminar und der Nepomuk-Kirche weichen musste, birgt das wirtschaftliche und kulturelle Zentrum der Region sehenswerte städte-

Bild: Schloss Litomyšl

OSTBÖHMEN

bauliche und künstlerische Zeugnisse der Vergangenheit.

HRADEC KRÁLOVÉ (KÖNIGGRÄTZ)

[131 D–E4] Viele Reisende lassen auf ihrer Fahrt von Prag nach Breslau das stattliche Königgrätz (95 000 Ew.) am Zusammenfluss von Labe (Elbe) und Orlice (Adler) links liegen und versäumen so die Residenzstadt der böhmischen Königsgattinnen. Seinerzeit konnten sich die edlen *frouwen* nicht über einen Mangel an gesellschaftlichem Leben hinter den damals noch intakten Mauern der Altstadt beklagen. Das fröhliche Treiben auf dem dreieckigen Marktplatz zeugt noch heute davon, dass die Königgrätzer keine Kinder von Traurigkeit sind. Während die imposanten Häuser der Altstadt den Reichtum der mittelalterlichen Stadt demonstrieren, bezeugt die Anfang des 20. Jhs. westlich der Elbe großzügig angelegte Neustadt, in der sich Josef Gocár und Jan Kotěra, die Stararchitekten der Ersten Republik, verwirklichen durften, den beachtlichen Wohlstand des modernen Hradec

turdenkmal. Zu den Exponaten des *Ostböhmischen Museums* gehören Produkte ansässiger Firmen (Fotoapparate, Telefone, Grammofone, Mode), Fotos alter Geschäfte, Daguerreotypien und ein Stadtmodell von 1865. *Di–So 9–12 u. 13–17 Uhr | Eliščino nábřeží 465 | www.muze umhk.cz*

Die Schlacht von Königgrätz war die blutigste des 19. Jhs., wird aber jedes Jahr nachgespielt

Králové. In den 30er-Jahren des 20. Jhs. wurde dieses Meisterwerk des modernen Städtebaus auch als „Salon der Republik" bezeichnet.

■ SEHENSWERTES

KOSTEL SV. DUCHA
Die *Heiliger-Geist-Kathedrale* aus dem 14. Jh., ein wunderschöner Backsteinbau am Hauptplatz, diente jahrzehntelang als Grablege des Hussitenführers Jan Žižka, bevor er nach Čáslav umgebettet wurde.

MUZEUM VÝCHODNÍCH ČECH ★
Das sehenswerte Gebäude im Sezessionsstil ist seit 1995 nationales Kul-

VELKÉ NÁMĚSTÍ
In den *Laubenhäusern* am Marktplatz haben sich die Königgrätzer behaglich eingerichtet, während im *Alten Rathaus* aus der Renaissance mit seinen zwei repräsentativen Türmen über die Geschicke der Stadt entschieden wird. Von der *Bílá věž* (Weißer Turm) erklingt die Glocke „Augustin" mit ihrem satten Ton. Eine 19 m hohe Pestsäule kündet von der Plage, der die Bürger dereinst ausgesetzt waren. Moderne Kunst zeigt die *Galerie moderního (Di–So 9–12 u. 13–18 Uhr)* in einem von Osvald Polívka geschaffenen Jugendstilgebäude.

ESSEN & TRINKEN ÜBERNACHTEN

HOTEL U KRÁLOVNY ELIŠSKY

Liegt am arkadenumsäumten Kleinen Platz, mit Restaurant, Café und Weinstube. *35 Zi. | Malé nám. 117 | Tel. 495 51 80 52 | Fax 495 51 88 72 | www.euroagentur.cz | €€€*

PENZION NOVÉ ADALBERTINUM

Im Adalbertinum (17. Jh.) der Jesuiten kann man essen und übernachten. Im Sommer Biergarten. *30 Zi. | Velké náměstí 32 | Tel. 495 06 31 11 | Fax 495 06 34 05 | www.adalbertinum. diecezehk.cz | €€*

AM ABEND

DIVADLO DRAK

Das Team des Marionettentheaters holte mit seinen faszinierenden revolutionären Inszenierungen bei internationalen Festivals schon zahllose Preise. *Do–So (Sa und So nachmittags Kinderprogramm) | Hradební 632 | Tel. 495 51 47 21 | www.drak theatre.cz*

JAZZ CLUB SATCHMO ▶▶

Kleiner Jazzkeller mit Restaurant und Bar. Freitag und Samstag Livemusik (reservieren!). *Fr, Sa 11–23, So–Do 11–22 Uhr | Dlouhá 96/97*

AUSKUNFT

INFORMAČNÍ CENTRUM

Gočárova 1225 | Tel. 495 53 44 82 | Fax 495 53 44 85 | www.ic-hk.cz

ZIELE IN DER UMGEBUNG

CHLUM   [131 D4]

Zur Gedenkstätte für die Schlacht zwischen Preußen und Österreich/Sachsen bei Königgrätz am 3. Juli 1866 gehört ein eigenes Museum mit Dioramen. *Di–So 9–12 u. 13–17 Uhr. 8 km nordwestlich*

CHLUMEC NAD CIDLINOU   [131 D4]

Klum (5000 Ew.) besitzt ein herrliches Barockschloss mit kronenförmiger Kuppel: ★ *Karlova koruna (Karlskrone).* Nach Verwüstungen durch einen Brand wurde das Schloss bis Ende der 60er-Jahre wieder aufgebaut. Es beherbergt umfangreiche Sammlungen. Im Park ist uralter Baumbestand erhalten. *Mai–Aug. tgl. 8–17, Sept. Di–So 9–16, Okt.–April Sa, So 9–16 Uhr. 28 km westlich*

KUKS   [131 E3]

Auf der sogenannten Spitalterrasse des Dörfchens Kuks stehen 34 eindrucksvolle Barockstatuen, Allegorien von Tugenden und Lastern. *20 km nördlich*

MARCO POLO HIGHLIGHTS

★ **Muzeum východních Čech**
In Königgrätz gibt es tolle Ausstellungen in einem Bau aus der Sezessionszeit (Seite 76)

★ **Karlova koruna**
Ein bombastisches Barockschloss mit kronenförmiger Kuppel (Seite 77)

★ **Pernštejnské náměstí**
Der Pernsteinplatz in Pardubice bietet Renaissance vom Feinsten (Seite 78)

★ **Renaissanceschloss**
Der Herrschaftssitz ist das Sahnehäubchen auf der Stadtkomposition von Litomyšl (Seite 79)

RYCHNOV NAD KNĚŽNOU   [121 F4]

Prunkstück der alten Tuchmacherstadt Reichenau (11 000 Ew.) ist das frühbarocke *Schloss* mit Gemäldegalerie und wertvollen Gobelins. Das *Jüdische Museum* illustriert die Geschichte der Juden in dieser Gegend. Auch eine Synagoge von 1787 ist erhalten. *35 km östlich*

PARDUBICE

[131 D–E5] **Im Zentrum zeigt sich Pardubitz (89 000 Ew.) von seiner kunstsinnigen Seite:** Nach der Zerstörung im Dreißigjährigen Krieg erlebte die ostböhmische Pernstein-Residenz eine Wiedergeburt als Idealstadt der Renaissance. Die italienischen Vordenker für die Stadtplanung in der frühen Neuzeit hätten an der Altstadt hinter der geschlossenen Stadtmauer ihre wahre Freude gehabt.

>LOW BUDGET

> Das *Autokamp Rozkoš* mit Freilichtkino, Hotel und Restaurant, Minigolf, Rad- und Sportartikelverleih, Wasserrutsche, Sauna und Kinderspielplatz bietet allen Komfort für ein Bad im Ostböhmischen Meer. *Třída T. G. Masaryka 836 | Česká Skalice | Tel. 491 45 11 12 | www.atcrozkos.cz | Zelt 60 Kronen, Person 60 Kronen*

> Im *Regionalmuseum* von Jičín gilt es u. a., mithilfe eines Zauberstabs die Geheimnisse von Herzog Wallenstein und einer unglücklich verliebten Hofdame zu entdecken: Spaß für die ganze Familie. *Di–So 9–17 Uhr | Valdštejnovo nám. 1 | www.muzeumhry.cz | Eintritt 100 Kronen (Familie)*

■ SEHENSWERTES

KOSTEL SV. BARTOLOMĚJE

Südlich des Schlossgartens steht St. Bartholomäus. Beachtenswert sind das gotische Portal und der Kampanile der später im Renaissancestil umgebauten Kirche.

MĚSTSKÉ DIVADLO

Am Platz der Republik liegt eine Architekturperle: das liebevoll dekorierte Jugendstiltheater mit seinem plastischen Portal.

PERNŠTÝNSKÉ NÁMĚSTÍ ★

Hinter der 🌿 galeriebestückten *Zelená brána* (Grünes Tor, 1507–34) macht der Pernsteinplatz seinem Titel als „Stadtsalon" alle Ehre: Stolze Bürgerhäuser (besonders schön „Zum Jonas", Nr. 50) umrahmen das *Rathaus* der Neorenaissance mit Sgraffiti des berühmten Mikoláš Aleš und die figurenreiche *Mariensäule* von 1680.

ZÁMEK

In einem Park nördlich der Altstadt erhebt sich ein Renaissanceschloss. Arkaden und Rittersäle mit Wandmalereien sind großartig renoviert.

■ ESSEN & TRINKEN

BAZALKA

Hübsch eingerichtetes kleines Restaurant. *Tgl. | Pernštýnská 15 | Tel. 466 51 31 00 | €€*

■ ÜBERNACHTEN

HOTEL 100

Kleines, recht feines Haus in der Altstadt mit Restaurant. *10 Zi. | Kostelní 100 | Tel. 466 51 11 79 | www.hotel100.cz | €€*

LABE

Hotelturm mit Bar, Restaurant, Café und Kasino. *158 Zi. | Masarykovo nám. 2633 | Tel. 466 71 71 11 | Fax 466 53 53 58 | €€€*

ven Soldaten Schwejk", seine letzten Jahre, trank seine letzten Biere in der „Böhmischen Krone" und ist hier auch begraben. Sein Wohnhaus wurde Gedenkstätte. *60 km südwestlich*

Am Pernsteinplatz vor dem Rathaus sitzen die Pardubicer und lassen es sich gut gehen

■ AM ABEND ■

U ČTYŘ PRSTŮ

Gemütliche Kneipe mit meist jungem Publikum. *Mo–Fr 10–22, Sa 15–23 Uhr | Pernštýnské nám. 58*

■ AUSKUNFT ■

INFORMAČNÍ CENTRUM

U Perníkové 38 | Tel./Fax 466 61 24 74 | www.pernikova-chaloupka.cz

■ ZIELE IN DER UMGEBUNG ■

LIPNICE NAD SÁZAVOU   [136 C2]

In Lipnitz verbrachte Jaroslav Hašek (1883–1923), der Erfinder des „Bra-

LITOMYŠL   [131 F6]

Eine städtebauliche Perle und Teil des Unesco-Welterbes ist Leitomischl (10 000 Ew.) mit seinem mittelalterlichen *Marktplatz* und einem ★ *Renaissanceschloss* (herrliche Sgraffiti, Barocktheater mit Originalkulissen). In der musealen *Schlossbrauerei,* dem Geburtshaus Bedřich Smetanas *(Okt.–April Sa, So 9–12 u. 13–17 Uhr, Mai–Sept. Di–So 9–12 u. 13–17 Uhr | Smetanovo náměstí 72)* können Sie sich über Leben und Werk des Komponisten kundig machen. *54 km südöstlich*

> MEDITERRANER CHARME DES SÜDENS

Brünner Zentrismus, mährisches Bauhaus und traditionsbewusste Winzerhochburgen

> Was die Tschechen insgesamt als Pragozentrismus geißeln, kennen die Mähren im Kleinen als Brünner Zentrismus. Insbesondere in Nordmähren schielt man mit einer Mischung aus Neid und Bewunderung auf die südmährische Metropole. Als Messestadt ist Brno ein Magnet für Unternehmen, doch auch staatliche Institutionen konnte man Prag abtrotzen. Um Brünn gibt es eine eigenständige mährische Kulturlandschaft zu entdecken. Zu den charakteristischen Landschaften Südmährens gehören neben der Haná-Ebene die Hügel zwischen Znojmo und Brünn, wo mildes, sonniges Wetter den Weinbau ermöglicht.

BRNO (BRÜNN)

KARTE AUF SEITE 140

[137 F3–4] Die eindrucksvolle Silhouette von Brünn (370 000 Ew.) lässt Nostalgie

Bild: Kroměříž

SÜDMÄHREN

pur erwarten. Die mittelalterliche Burg auf dem Spielberg, im 18. Jh. zu einer berüchtigten Festung der Restauration ausgebaut, und der Dom auf dem Petersberg prägen das Stadtbild. Im Stadtinneren ist das „wienerische Brünn" von einst nur noch fragmentarisch erhalten. Glänzende Beispiele wienerischer Substanz sind noch entlang der begrünten Ringstraße um den Altstadtkern herum zu finden. Meisterwerke des modernen Funktionalismus in der Brünner Vorstadt runden das Stadtbild ab.

■ SEHENSWERTES

ANTHROPOS-PAVILLON

Zahlreiche archäologische Funde aus der Umgebung Brünns sowie Nachbildungen bekannter Höhlenmalereien in Frankreich und Spanien. *Di–So 9–17 Uhr | Park Pisárky 9 (beim Messegelände)*

BRNO (BRÜNN)

CHRÁM SV. PETRA A PAVLA
Der Dom St. Peter und Paul aus dem 11. Jh. wurde mehrmals umgebaut, zuletzt um die Wende zum 20. Jh. erneut gotisch zurückgebaut.

JANÁČKOVO MUZEUM
Der Komponist Leoš Janáček (1854 bis 1928) war viele Jahre als Organist

MENDEL-MUSEUM
Der Mönch Johann Gregor Mendel (1822–84) betrieb seine Studien zur Vererbungslehre an Erbsenpflanzen im Garten dieses Brünner Augustinerklosters. Peppige Dokumentation seiner Forschungstätigkeit (Mendelsche Gesetze). *Mai–Okt. tgl. 10–18 Uhr; Nov.–April Mi–So 10–16 Uhr |*

Auf dem größten Platz von Brünn, dem Zelný trh (Krautmarkt), ist jeden Werktag Markt

und Dirigent in Brünn tätig. Die Gedenkstätte informiert über sein Leben. *Mo–Fr 8–12 u. 13–16 Uhr | Smetanova 14*

KAPUCÍNSKÉ NÁMĚSTÍ
In der Kirche des Kapuzinerklosters liegen die Mumien von reichen Bürgern und mittellosen Ordensleuten in offenen Särgen. *Di–Sa 9–12 u. 14–16.30, So 11–11.45 u. 14–16.30 Uhr*

Mendlovo nám. 1a | www.mendel.museum.org

MORAVSKÉ ZEMSKÉ MUZEUM
Das Mährische Landesmuseum im *Dietrichštejnský palác* illustriert eindrücklich Mährens Vorzeit (berühmte, 25 000 Jahre alte Göttinnenstatuette *Venus von Westonitz*) und die Zeit des Großmährischen Reichs. *Di–Sa 9–17 Uhr | Zelný trh 8 | www.mzm.cz*

Insi Tip

> www.marcopolo.de/tschechien

STARÁ RADNICE

Der Turm des Alten Rathauses stammt aus dem 13. Jh., das Portal ist ein Meisterwerk der Spätgotik (achten Sie auf sein mittleres Türmchen!), die Arkaden wurden in der Renaissance hinzugefügt, im Barock kamen üppige Dekorationen hinzu.

VILLA TUGENDHAT ★

Mit diesem Meisterwerk der klassischen Moderne (erbaut 1930–32) setzte der letzte Bauhausdirektor Ludwig Mies van der Rohe (1886–1969) seinen Schlusspunkt in Europa, dann emigrierte er auf der Flucht vor den Nazis in die USA. Auch die jüdischen Besitzer des Hauses mussten fliehen. 1992 wurde in der Villa, die zum Unesco-Welterbe zählt, das Abkommen zur Auflösung der ČSSR unterzeichnet. *Bis 2010 wegen Renovierung geschlossen | Černopolní 45 | www.tugend hat-villa.cz*

ZITADELLE

Die westlichen Parkanlagen führen auf den Spielberg. Die mittelalterliche Königsburg wurde im 17. und 18. Jh. zu einer ✳ Festung umgebaut und schon bald darauf als Staatsgefängnis genutzt. *Di–So 9–17 Uhr*

◼ ESSEN & TRINKEN

RESTAURACE BOHÉMA

In so freundlichem Ambiente lässt's sich angenehm speisen. *Tgl. | Rooseveltova 1/7 | Tel. 542 21 03 15 | €€*

RESTAURACE ŠPALÍČEK

Gemütliches Wirtshaus mit Terrasse und Blick auf den Markt. Riesige Auswahl an mährischen Spezialitäten, Bier von Starobrno. *Tgl. | Zelný trh 12 | Tel. 542 21 15 26 | €*

◼ ÜBERNACHTEN

PEGAS

Günstiges Haus in der Altstadt. Altes Gemäuer mit uriger Bierstube und eigener Brauerei. *14 Zi. | Jakubská 4 | Tel. 542 21 01 04 | Fax 542 21 43 14 | www.hotelpegas.cz | €€*

◼ AM ABEND

CAFÉ 99

Hier gibt es Cappuccino, Espresso, Caffè latte, heiße Schoklolade mit Chili und tschechische Backspezialitäten wie Strudel etc. *Tgl. | Úvoz 56 | www.cafe99.cz*

IRSKÁ HOSPODA DŮM U RUDÉHO VOLA

Irisches Bier, viele Whiskeysorten und einige irische Gerichte. Im Sommer Plätze im Innenhof. *Tgl. 11–2 Uhr | Koblížná 2*

MARCO POLO HIGHLIGHTS

★ **Villa Tugendhat**
In Brünn zündete Mies van der Rohe ein architektonisches Feuerwerk (Seite 83)

★ **Schloss Kroměříž**
Hier tagten 1848 die Republikaner aus der ganzen k. u. k. Monarchie (Seite 84)

★ **Judenviertel**
Von jüdischer Kultur blieben in Mikulov Friedhof und eine Synagoge (Seite 86)

★ **Kapelle der hl. Katharina**
Die Přemyslidenburg in Znojmo bietet profane und sakrale Malerei (Seite 89)

BRNO (BRÜNN)

▮ AUSKUNFT ▮
KULTURNÍ A INFORMAČNÍ CENTRUM
Radnická 8 | Tel. 542 21 10 90 | Fax 542 21 07 58 | www.ticbrno.cz

▮ ZIELE IN DER UMGEBUNG ▮
KROMĚŘÍŽ   [138 C3]
In der Unesco-Welterbestadt Kremsier (29 000 Ew.) hatte ★ *Schloss Kroměříž* im Rahmen der bürgerlichen Revolution von 1848 in der k. u. k. Monarchie dieselbe Bedeutung wie die Frankfurter Paulskirche für die deutschen Republikaner. Zuvor diente es als Sommersitz der Olmützer Bischöfe. Miloš Forman nutzte die Barockkulisse für seinen Film „Amadeus". Im Schloss befindet sich die zweitgrößte tschechische *Gemäldesammlung*. Die Altstadt mit ihrem hübschen Laubenhäuser-

Marktplatz und der *Květná zahrada (Blumengarten)* mit Palmenhaus und großem Irrgarten laden zu einem längeren Aufenthalt ein. Hotel: *Bouček (10 Zi. | Velké nám. 108 | Tel./Fax 573 34 27 77 | €€). 55 km nordöstlich*

PERNŠTEJN   [137 E2]
Die große, sehr gut erhaltene Bilderbuchburg, deren Magazin bei einem Brand im April 2005 stark beschädigt wurde, galt als uneinnehmbar. In der Renaissance wurde sie um Türme und Erker erweitert. Drei verschieden lange Führungen sind möglich. Der Museumsshop hat eine riesige Blechritterauswahl und tschechische Burgen aus Karton zum Basteln. *April, Okt. Sa, So 9–15 Uhr; Mai–Sept. tgl. 9–17 Uhr | Nedvědice. 35 km nordwestlich*

SLAVKOV U BRNA   [138 A4]
In Austerlitz (6000 Ew.) dreht sich alles um die Dreikaiserschlacht, in der Napoleon seinen blaublütigen Kollegen Zar Alexander I. und Kaiser Franz I. eine empfindliche Niederlage bescherte. Im *Barockschloss* am Ende des Marktplatzes dokumentiert eine umfangreiche Sammlung den Verlauf der Schlacht. *April, Okt., Nov. Di–So 9–16 Uhr; Mai–Sept. Di–So 9–17 Uhr | www.zamek-slavkov.cz | 18 km östlich*

UHERSKÉ HRADIŠTĚ   [138 C4]
Ungarisch-Hradisch (26 000 Ew.) ist Mittelpunkt des nördlichen Teils der Mährischen Slowakei. Aus dem historischen Ensemble am Marktplatz stechen das spätgotische *Rathaus* und eine *Rokokoapotheke* mit Deckenmalereien heraus. *73 km östlich*

>LOW BUDGET

> Übrig geblieben vom Großmährischen Reich ist ein kleines Dorf im äußersten Osten der Republik, das zeigt, wie die Ur-Mährer einst lebten. In diesem sog. Skansen können Sie sich für nur 100 Kronen ein Bild vom Alltag um 800 machen. *Mai–Okt. tgl. 9–17 Uhr | Modrá 170 | Velehrad | www.archeoskanzen.cz*

> Im Besucherzentrum *Znovín Znojmo* im Kloster von Znojmo kann man sich nicht nur über die Weingeschichte in Südmähren kundig machen – es darf gekostet werden. *April–Sept. tgl. 9–18 Uhr, Jan.–März u. Okt.–Dez. n. V. | Loucký klášter | Loucká ul. | Tel. 515 26 74 58 | 70 Kronen inkl. Verkostung und einem Weinglas als Souvenir*

ŽĎÁR NAD SÁZAVOU [136 D2]

Saar (24 000 Ew., Unesco-Welterbe) wartet mit einem 1252 gegründeten *Zisterzienserkloster* auf, das während der Hussitenkriege zerstört wurde, im 18. Jh. aber eine neue Blüte erlebte. *72 km nordwestlich*

Im Barockschloss ist das *Muzeum jihovýchodní Moravy (Südostmährisches Heimatmuseum | Di–So 9–17 Uhr | Soudní 1)* angesiedelt. Im *Samohýl Motor Zlín (Tomáše Bati 352)* kann man Autos von 1902 bis heute betrachten. Übernachtung im *Inter-*

Ein Schloss wie im Zeichentrickfilm: die verwinkelte Burg Pernštejn

ZLÍN [138 C3]

Von Zlín (79 000 Ew.) aus errichtete Tomáš Baťa (1876–1932) ein weltweites Schuhimperium. Dessen Hauptsitz befindet sich heute in Kanada, seit 1992 werden aber auch in Zlín wieder Schuhe der Marke Baťa produziert. Sehenswert sind neben dem Schuhmuseum *(April–Okt. Di–So, Nov.–März Di–Fr 10–12 u. 13–17 Uhr)* im Werk Svit die Wohnanlagen für Arbeiter aus den 20er- und 30er-Jahren.

insider Tipp

hotel Moskva | 120 Zi. | Nám. Práce 2512 | Tel./Fax 577 56 11 11 | www. moskva-zlin.cz | €€. 75 km östlich

MIKULOV

[138 A5] „Die Stadt, in der die Häuser singen", ist eine Metapher des mährischen Dichters Jan Skácel. Wenn man sieht, wie sich Nikolsburg (7500 Ew.) in der milden südmährischen Sonne den Südfuß der Pollauer Berge *(Pavlovské vrchy)* hochrankt und über seine Weinberge wacht, wird man dem wohl nur mit poetischen Mitteln gerecht.

■ SEHENSWERTES ■

FUČIKOVO NÁMĚSTÍ

Insider Tipp

Auf der Sgraffitifassade des *Hauses Zu den Rittern* tummeln sich Musiker mit allen wichtigen Renaissance-Instrumenten und Dudelsack. An seinem unteren Ende hält die fulminante Hochbarockfassade der *Kirche St. Anna* das architektonische Gleichgewicht des Platzes aufrecht. Dazwischen: die spitz zulaufende *Dreifaltigkeitssäule* mit expressiven Figuren und ein Springbrunnen mit einer allegorischen Frauenskulptur.

JUDENVIERTEL ★

Dass Mikulov die zweitgrößte jüdische Gemeinde in Böhmen und Mähren aufzuweisen hatte, lässt sich vor allem am riesigen alten *jüdischen Friedhof* ersehen. Von den ehemals zwei Synagogen steht noch die *Alte* oder *Obere Synagoge (Husova)* und zeigt Ausstellungen zum Thema jüdische Kultur. Vor einigen Jahren fand man in einem Keller eine *mikve,* das rituelle Frauenbad der jüdischen Gemeinde.

REGIONÁLNÍ MUZEUM

Im Schloss *(Zámek)* sind u. a. Geschichte und Alltag des Weinbaus lebendig dargestellt: von der Balkenpresse über Handwerkszeug der Fassbinderzunft bis zu filigran geschnitzten Fassböden. Es gibt auch ein Riesenweinfass von 1643, das sagenhafte 101 100 Liter fasst. *April, Okt. Di–So 9–16 Uhr; Mai–Sept. Di–So 9–17 Uhr*

SVATÝ KOPEČEK

Weithin sichtbares Wahrzeichen der Stadt ist die *Kirche St. Sebastian* neben dem wuchtigen, frei stehenden Glockenturm. Den Aufstieg säumen 16 kleine *Kreuzwegkapellen.*

ZÁMEK

Franz von Dietrichstein, der mächtige Fürstbischof Mährens, baute die Burg zu einem fünfeckigen Wohnschloss mit runden Ecktürmen um. Am 22. April 1945, dem letzten Kriegstag, brannte das Schloss, in dem jahrhundertelang Friedensverträge geschlossen worden waren, aus.

■ ESSEN & TRINKEN ■

U SV. URBANA

Mährische Küche und mährischen Wein kann man hier genießen. *Tgl. | Pavlovská 27 | Tel. 519 51 14 69 | €€*

SÜDMÄHREN

▪ ÜBERNACHTEN ▪

MOTOREST MIKULOV

Günstiges Motel 1 km vor Mikulov (an der Straße nach Brno) mit neuer Ausstattung. Das gut besuchte Restaurant bietet feines Essen. *28 Zi. | K Vápence 69 | Tel. 519 51 27 00 | Fax 519 51 27 08 | www.motorestmikulov. cz | €€*

HOTEL ZÁMEČEK

Das am Stadtrand gelegene Hotel wird wie sein Restaurant von der Hotelschule betrieben. Gartenterrasse, Weinkeller. *34 Zi. | K Vápence 6 | Tel. 519 51 28 55 | Fax 519 51 28 56 | www.hotelparty.cz | €€*

▪ AUSKUNFT ▪

INFORMAČNÍ CENTRUM

Náměstí 1 | Tel./Fax 519 51 22 00 | www.mikulov.cz

▪ ZIELE IN DER UMGEBUNG ▪

DOLNÍ VĚSTONICE   [138 A5]

In Unter-Westonitz hat man die *Věstonická Venuše (Venus von Westonitz)*, die jetzt in Brünn zu sehen ist, gefunden. Andere Steinzeitfunde der ältesten mährischen Siedlung sind im archäologischen Museum zu bewundern. *Archeologická expozice | April, Okt. Di–So 9–16 Uhr, Mai–Sept. Di–So 8–17 Uhr. 15 km nördlich*

LEDNICE   [138 A5]

Das Dorf Eisgrub (Unesco-Welterbe) beherbergt ein prachtvolles *Schloss* der Liechtensteiner, das Mitte des 19. Jhs. im Tudorstil umgebaut wurde. Besonders sehenswert sind die prachtvollen Gärten und diverse Gewächshäuser. *April, Okt. Sa, So 9–16, Mai–Aug. Di–So 8–18, Sept. Di–So 9–17 Uhr. 50 km südöstlich*

Mikulov im Mai: Weit blickt man vom Schloss ins mährische Land

PAVLOVSKÉ VRCHY [138 A5]

Rings um Mikulov lockt in den Pollauer Bergen das *Naturschutzgebiet Pálava* zu Spaziergängen in unberührten Auwäldern, in denen Muffelwild äst, dazu Burgruinen auf weißen Kalkbergen, idyllische Seen und viel versprechende Weinberge.

TELČ

[136 C4] **Ein guter Zeichner könnte den Bilderbuchort Teltsch (6000 Ew.), dessen Altstadt zum Welterbe der Unesco zählt, mit wenigen Strichen aufs Papier bannen:** ein Schloss, die Andeutung einer Stadtmauer mit zwei steinernen Toren und der lang gestreckte Rhombus des Marktplatzes. Dass Regisseure hier gern historische Filme drehen, ist bezeichnend. Als 1530 eine Feuersbrunst die Holzbauten des Mittelalters vernichtete, verband Zacharias von Neuhaus den Umbau der gotischen Burg zu einem Renaissanceschloss mit der Anlage des nach einem einheitlichen Plan neu konzipierten Marktplatzes: Das gesamte Ensemble sucht seinesgleichen.

◼◼ SEHENSWERTES ◼◼
NÁMĚSTÍ ZACHARIÁŠE Z HRADCE
Der Teltscher Marktplatz ist eine Komposition aus Lauben, aus gestuften, geschweiften, kleeblattförmigen und figuralen Giebeln sowie einer fein aufeinander abgestimmten Farbpalette, unterbrochen von Sgraffitifassaden. Am nordwestlichen Ende die *Burg (Zámek).*

◼◼ ESSEN & TRINKEN ◼◼
ZÁMECKÁ RESTAURACE A VINÁRNA
Gutes Restaurant mit angeschlossener Weinstube. *Tgl.* | *Na Zámecké* | *Tel. 567 22 31 91* | €€

◼◼ ÜBERNACHTEN ◼◼
CELERÍN
In einem renovierten Renaissancehaus am Marktplatz. *12 Zi.* | *Náměstí Zachariáše z Hradce 43* | *Tel. 567 24 34 77* | *Fax 567 21 35 81* | *www.hotelcelerin.cz* | €€

Laubenhäuser mit farbigen Sgraffitifassaden am Marktplatz von Telč

SÜDMÄHREN

INFOCENTRUM
Náměsti Zachariáše z Hradce 10 |
Tel. 567 11 24 07 | Fax 567 11 24 03 |
www.telc-etc.cz

■ ZIELE IN DER UMGEBUNG ■

JAROMĚŘICE NAD ROKYTNOU   [137 D4]

Im *Barockschloss Jarmeritz* schuf
sich der damalige Schlossherr Johann Adam von Questenberg im
18. Jh. eine eigene Welt der Musik.
Die kostbare ==Sammlung von Musik-
instrumenten== ist ein Glanzlicht der
Führung durch 10 m hohe Säle, die
Sala Terrena, das Theater und die
kuppelgekrönte *Margareten-Kirche.*
Info-Centrum | Komenského 1209 |
Tel. 568 44 01 32 | www.jaromeri
cenr.cz. 36 km südöstlich

JIHLAVA   [137 D3]

Zentrum der Gustav-Mahler-Stadt
Iglau (50 000 Ew.) ist der lang gestreckte *Masaryk-Platz* mit dem
türmchenflankierten barockisierten
Rathaus. Der Ort war früher die
wichtigste Silberbergbaustadt Mitteleuropas. Prachtvoll ist die barocke
Jesuitenkirche. 35 km nordöstlich

TŘEBÍČ   [137 D3]

Im Renaissanceschloss von Trebitsch
(39 000 Ew.) bietet das *Westmähri-
sche Museum (tgl. 8–12 u. 13–17 Uhr
| Zámek 1)* u. a. eine Sammlung von
Weihnachtskrippen. Zwei Synagogen
und ein jüdischer Friedhof sind vom
früher reichen jüdischen Leben der
Stadt geblieben. *30 km östlich*

ZNOJMO (ZNAIM)   [137 E5]

Die Stadt (35 000 Ew.) besticht mit
blumengeschmückten Laubenhöfen

Telčer Marktplatz: Detail der Mariensäule

und einem unterirdischen *Gängela-
byrinth (Eingang: Slepiči trh).* Von
der Přemyslidenburg *(Hrad)* blieb
nur die ⭐ *Kapelle der hl. Katharina*
erhalten, eine romanische Rotunde
mit Wandmalereien von europäi-
schem Rang *(Mai–Sept. Di–So 9–17
Uhr).* Um 1700 wurde der Wohntrakt
jenseits einer Steinbrücke zu einem
Barockschloss umgebaut.

Gleich westlich der Stadt beginnt
das Naturschutzgebiet *Národní Park
Podyjí.* Am *Thaya-Stausee* können
Sie angeln, baden und Boot fahren.
Campingplätze sind vorhanden. Über
dem See thront das Frainer *Barockschloss (Vranov nad Dyjí)* mit seinen
beeindruckenden Fresken im Ahnen-
saal in kühner Lage auf einem Fels-
vorsprung. *66 km südöstlich*

> TIEF IM OSTEN GEHT DIE SONNE AUF

Ein städtisches Kronjuwel und eine Menge ungeschliffene Diamanten

> **Dem Umstand, dass in der Konkurrenz um die Hauptstadtwürde Mährens der alte Bischofssitz Olomouc 1641 gegen die süd-mährische Metropole Brünn unterlag, ist es zu verdanken, dass Olmütz, eine der schönsten Städte des Landes, im touristi-schen Dornröschenschlaf schlummert.** Doch auch außerhalb dieses städti-schen Kronjuwels sind Rohdiamanten zuhauf über die nordmährisch-schlesische Landkarte gestreut. Zum Beispiel Ostrau: Als Industriekonglo-merat verschrien, überrascht die drittgrößte tschechische Stadt mit ei-nem attraktiven Kern, der alte Bau-substanz und Architektur der klassi-schen Moderne reizvoll verbindet. Beispiel Troppau: Trotz schwerer Kriegsschäden hat die Hauptstadt der schlesischen Region in Tschechien ihren rauen Charme gerettet. Und auch die Mährische Walachei ist ein gutes Beispiel für die Vielfalt der Re-gion: In Rožnov pod Radhoštěm gibt

Bild: Olomouc, Dolní náměstí

NORDMÄHREN

das 100 Jahre alte Museumsdorf einen lebendigen Eindruck vom bäuerlichen und städtischen Leben der Walachen, die sich ab dem 13. Jh. hier ansiedelten. Nordmährens Facetten reichen also vom Großstadttreiben bis zur ländlichen Einsamkeit des sogenannten Kuhländchens, dessen bunt gefleckte Rinder auf den Wiesen zwischen Altvatergebirge und mährisch-schlesischen Beskiden auf die Alm getrieben werden.

NOVÝ JIČÍN

[133 E6] Mitten im Kravařsko, dem Kuhländchen, das sich vom Oberlauf der Oder bis Fulnek erstreckt, liegt das blendend weiße Städtchen Neutitschein (27 000 Ew.), in dem die Hutschnur das Maß aller Dinge ist. Berühmt wurde die ehemalige deutsche Sprachinsel nämlich durch die 1799 gegründete *Hückelsche Hutfabrik.* Im 19. Jh. stammte nicht nur so gut wie jede mährische

Im „Hölzernen Städtchen" des Walachischen Freilichtmuseums von Rožnov pod Radhoštěm

„Baskenmütze" aus deren Fertigungshalle, sondern auch englische Melonen und amerikanische Zylinder.

SEHENSWERTES

KOSTEL NANEBEVZETÍ P. MARIE

Die barockisierte Kirche Mariä Himmelfahrt besitzt einen eleganten Renaissanceturm mit Arkadenumgang unter der Zwiebelhaube.

MASARYKOVO NÁMĚSTÍ

Der quadratische Marktplatz ist eine schöne Variante mährischer Renaissancestadtplanung mit umlaufenden Lauben, einem repräsentativen Rathaus und dem mit doppelstöckigen Arkaden ausgestatteten Gebäude der Alten Post.

OKRESNÍ VLASTIVĚDNÉ MUZEUM

Eine kleine Kulturgeschichte der Kopfbedeckung erzählt die einzigartige Sammlung des Hutmachereimuseums im Schloss. *Di–So 9–16 Uhr | Žerotínský zámek*

ŽEROTÍNSKÝ ZÁMEK

Das ausgedehnte weiße Renaissanceschloss birgt faszinierende Stuckarbeiten und Fresken. Die Grundfarbe, das strahlende Weiß, wird auch im Inneren beibehalten.

ESSEN & TRINKEN

NÁRODNÍ DŮM

Wildspezialitäten und das Bier „Novojičínský Baron" aus eigener Brauerei (Besichtigung möglich). *Tgl. | Knemocnici 9 | €€*

> *www.marcopolo.de/tschechien*

■ ÜBERNACHTEN ■

PRAHA
Stilvolles Haus mit Restaurant, Café und Weinstube. *23 Zi.* | *Lidická 6* | *Tel. 556 70 12 29* | *www.prahahotel. cz* | €

■ AUSKUNFT ■

INFORMAČNÍ CENTRUM
Úzká 27 | *Tel./Fax 556 71 18 88* | *www.novy-jicin.cz*

■ ZIELE IN DER UMGEBUNG ■

FRENŠTÁT POD RADHOŠTĚM   [133 E6]
Frankstadt (1100 Ew.) eignet sich als Basislager für Sommer- wie Winter-urlauber. Auf dem Gipfel des Berges *Radegast (Radhošt')* steht eine Statue des gleichnamigen Gottes. Unter-kunft im *Hotel Ráztoka (54 Zi.* | *Trojanovice 364* | *Tel. 556 83 58 69* | *Fax 556 83 59 52* | *www.raztoka.cz* | €€). 20 km südöstlich

FULNEK   [133 D5]
Der altertümliche Ort (6000 Ew.) liegt im Kuhländchen. Sein stattli-ches *Renaissanceschloss* ist leider nur von außen zu bewundern. In der *Kirche der böhmischen Brüdergemeinde (Památník Jana Komenského* | *Sborová 1)* erinnert eine Gedenk-stätte an den Pädagogen und Prediger Johann Amos Comenius (1592–1670), der hier 1618–21 predigte. 15 km nordwestlich

HUKVALDY   [133 E5]
Das kleine Hochwald (2000 Ew.) brachte eine Berühmtheit hervor: den Komponisten Leoš Janáček (1854–1928). Sein Geburtshaus ist zu be-sichtigen *(Mai–Sept. tgl. 9–16 Uhr, April, Okt. Di–Fr 9–16 Uhr).* Jeden Mai finden *Janáček-Musikfestspiele* statt. Interessant ist auch die Burgru-ine. 15 km nordöstlich

KOPŘIVNICE   [133 E5–6]
Nesselsdorf (24 000 Ew.) lockt mit dem *Technické muzeum (Di–So 9–17 Uhr* | *Záhumanní 369),* in dem die Geschichte des Kraftfahrzeugbaus dargestellt wird, insbesondere die der ortsansässigen Tatra-Werke. 15 km östlich

ROŽNOV POD RADHOŠTĚM   [133 E6]
In dem walachischen Städtchen Ro-schnau am Radhoscht (17 000 Ew.) befindet sich das ★ *Walachische Freilichtmuseum (Valašské muzeum v*

MARCO POLO HIGHLIGHTS

★ **Masarykovo náměstí**
Die prächtigen Fassaden des Markt-platzes in Nový Jičín finanzierten die Bürger mit dem Verkauf von Hüten (Seite 92)

★ **Walachisches Freilichtmuseum**
Traditionelle Küche im walachischen Dorfgasthaus, dazu buntes Markttreiben im August (Seite 93)

★ **Olomouc (Olmütz)**
Die alte heimliche Hauptstadt Mährens konkurriert mit der Goldenen Stadt Prag (Seite 95)

★ **Neues Rathaus**
Der Turm des Neuen Rathauses in Ostrava soll dem Image einer grauen Stadt der hohen Schlote wider-sprechen (Seite 100)

přírodě). Das weitläufige Museumsgelände besteht aus drei Abschnitten: dem Hölzernen Städtchen, dem Mühlental mit Schmiede (in Betrieb), Sägewerk, Hammerwerk und dem Walachischen Dorf. Im August: *Mittelaltermarkt* im Dorf mit Tanz und Musik. In der original hergerichteten *Dorfgaststätte* gibt es Leckereien nach traditionellen Rezepten. *Auskunft: Informační centrum | Palackého 484 | Tel. 571 65 51 96 | Fax 571 61 94 44 | www.valasske-kralov stvi.cz. 32 km südöstlich*

ŠTRAMBERK [133 E6]

Am höchsten Punkt des idyllischen Bergstädtchens Stramberg (4500 Ew.) steht der ✳ *Burgturm Trúba.* Eine Spezialität des Ortes sind *uši* (Ohren), ein Gebäck, das nach der tatarischen Sitte, den Feinden die Ohren abzuschneiden, benannt wurde. *8 km östlich*

VALAŠSKÉ MEZIŘÍČÍ [133 E6]

Walachisch Meseritsch (28 000 Ew.) ist Zentrum des Valašsko, der Mährischen Walachei. Sehenswert sind das *Rathaus,* die ehemalige *Apotheke* „Zum Roten Adler" mit Rokokofassade und außerhalb das Schloss aus dem 16. Jh. mit dem *Walachischen Volkskunstmuseum (April–Sept. Di–So 8–16 Uhr, Okt.–März 9–17 Uhr). 15 km südlich*

> BÜCHER & FILME
Gebrauchsanweisungen für Tschechien

> **Gebrauchsanweisung für Tschechien** – Jiří Gruša, einer der profiliertesten Dissidenten neben Václav Havel, gibt in diesem amüsanten Sachbuch Einblicke in tschechische Geschichte(n) und Befindlichkeiten.

> **Ich habe den englischen König bedient** – Der begnadetste tschechische Erzähler, Bohumil Hrabal, legte mit dieser Kellner-Schnurre eine herrliche Fantasie aus dem Prager Gastronomiemilieu vor. Verfilmt 2006 von Jiří Menzel, dem Altmeister der tschechischen Nouvelle Vague.

> **Der brave Soldat Schwejk** – Der antimilitaristisch-satirische Roman von Jaroslav Hašek ist keineswegs so harmlos, wie z. B. die Verfilmung mit Heinz Rühmann vorgibt. Ein Muss für jeden, der den Humor der Tschechen verstehen möchte.

> **Sternstunde der Mörder** – Spannender Krimi von Pavel Kohout aus dem Prag des Jahres 1945. Gelungene kritische Auseinandersetzung mit Nazi-Unrecht und den vermeintlichen Racheakten der Tschechen.

> **Kolya** – Oscargekrönte Tragikomödie (1996) um einen Prager Bohemien, dem ein russischer Junge zuläuft. Ein brillanter Hauptdarsteller Zdeněk Svěrák (Vater des Regisseurs Jan Svěrák) als Musiker Louka und Vater wider Willen vor der Kulisse der Samtenen Revolution.

> **Pan Tau** – Der freundliche Herr mit dem Zauberhut wurde inszeniert von Jindřich Polák – um nur einen der legendären, fantasievollen und im Kern subversiven Kinderfilme zu nennen, die auch in Deutschland äußerst populär waren.

OLOMOUC (OLMÜTZ)

KARTE AUF SEITE 140

[138 B2] ⭐ **Auf Schritt und Tritt merkt man Olmütz (101 000 Ew.), der Prunkstadt in der fruchtbaren Haná-Ebene, an, dass es sich mit dem Verlust des Titels der mährischen Hauptstadt noch immer nicht abgefunden hat.** Diese Würde verlor die stolze Bischofsresidenz an Brünn, nachdem die Schweden 1642 die bis dahin von Gotik und Renaissance geprägte Stadt zerstört hatten. Die heutige Barockstadt, die Teil des Unesco-Welterbes ist, entstand zu Kaiserin Maria Theresias Zeiten. Dabei macht Olmütz keinen musealen Eindruck, sondern hat ein junges, studentisches Flair.

▨ SEHENSWERTES ▨

CHRÁM SV. VÁCLAVA

Rund um den auf einem Felsen thronenden *Wenzelsdom* errichteten die Bischöfe ihre Olmützer Kleinseite mit Adelspalästen, Kirchen und Klöstern. Der Dom wurde Ende des 19. Jhs. im neugotischen Stil umgestaltet. Wertvoller *Domschatz*, romanische Rundbogenfenster sowie die Reste des alten *Přemysliden-Palastes* (um 1150).

DOLNÍ NÁMĚSTÍ

Am Niederring besitzt das *Renaissancehaus Nr. 174* die auffälligste Fassade. Ein Dreigestirn aus *Neptunbrunnen*, *Jupiterbrunnen* und *Mariensäule* beherrscht die Mitte des Platzes. Die schlichte *Kapuzinerkirche* schließt ihn an der Südseite ab.

GALERIE STARÉHO UMĚNÍ

Die Galerie alter europäischer Kunst ist im barocken Erzbischöflichen Palais untergebracht. *Di–So 9–17 Uhr | Biskupské náměstí*

Sv. Václava: Jedes Detail ist sehenswert

HORNÍ NÁMĚSTÍ

Auf dem Oberring scharen sich Patrizierhäuser um das *Alte Rathaus* mit der realsozialistischen Variante einer astronomischen Uhr. Eindrucksvoll: die 35 m hohe *Dreifaltigkeitssäule* mit 18 vergoldeten Kupferstatuen.

VLASTIVĚDNÉ MUZEUM

Das *Stadt- und Heimatmuseum* im alten Klarissenkloster reicht mit seinen

OLOMOUC (OLMÜTZ)

mineralogischen, botanischen, zoologischen und volkskundlichen Sammlungen sowie einer Grafikausstellung ans Prager Nationalmuseum heran. *Mai–Sept. tgl. 9–17 Uhr, Okt.–April 9–16 Uhr | Náměstí Republiky 5*

■ **ÜBERNACHTEN** ■

NÁRODNÍ DŮM

Etwas verblichene Hotelpracht mit Charme. *60 Zi. | 8.května 21 | Tel. 585 22 48 06 | Fax 585 22 49 83 | www.volny.cz/hotel.narodni.dum | €*

Eine Bilderbuch-Burg: Bouzov gehörte einst dem Deutschen Ritterorden

ŽEROTÍNOVO NÁMĚSTÍ

Auf dem Platz fallen die klassizistische *Säulenvorhalle* des Dominikanerklosters und die barockisierte *Kirche sv. Michala* mit ihrem prächtigen Kuppeltrio und dem gotischen Glockenturm ins Auge.

■ ESSEN & TRINKEN ■

U ANDĚLA

Rustikale Einrichtung. Hervorragende Küche, große Portionen. Spezialität: Knoblauchsuppe. Sie sollten reservieren. *Tgl. | Hrnčířská 10 | Tel. 585 22 87 55 | €€*

U DÓMU

Kleines, nettes Haus am Dom. *6 Apts. | Dómská 4 | Tel. 585 22 05 02 | http://udomu.3dpano.eu | €€*

■ **AM ABEND** ■

JAZZ TIBET CLUB ▶▶

Sympathische Kneipe im Salzkontor. Livekonzerte. *Tgl. 14–2 Uhr | Skolská 48 | http://jazzclub.olomouc.com*

KAMENNY ŠENK

Wein- und Bierkneipe im gotischen Keller mit guter Musik. *Tgl. 17–24 Uhr | Žerotínovo nám. 13*

▨ AUSKUNFT ▨

INFORMAČNÍ CENTRUM

Horní nám. 1 | Tel. 585 51 33 85 | Fax 585 22 08 43 | www.olomoucko.cz

▨ ZIELE IN DER UMGEBUNG ▨

BOUZOV [138 A1]

Der Besuch der Wehrburg Busau aus dem 14. Jh. mit Zugbrücke und sage und schreibe 18 Türmen ist Pflicht. Noch Ende des 19. Jhs. wurde die Burg vom Deutschen Ritterorden im Stil der romantischen Gotik zum Schloss umgebaut. Reiche Ausstattung, besonders eindrucksvoll ist der Rittersaal. Sehenswert auch die neugotische Burgkapelle. *April, Okt. Sa, So 9–15, Mai, Sept. Di–So 9–16, Juni–Aug. Di–So 9–18 Uhr. 35 km nordwestlich*

HELFŠTÝN [138 C2]

Einen ganzen Hügel besetzt die Ruine Helfenstein. Regelmäßige Treffen von Kunstschmieden verwandeln das Areal in ein Mekka mittelalterlichen Handwerks. *April, Sept., Okt. Di–So 9–17, Mai–Aug. Di–So 9–18, Nov.–März Sa, So 9–16 Uhr. 25 km östlich*

LITOVEL [138 B1]

Der kleine *Marktplatz* mit historischen Hanakerhäusern, den typischen Bauernhäusern der Hanna-Ebene, prägt die beschauliche Atmosphäre von Littau (10 000 Ew.). Das *Stadtmuseum (Di–So 9–17 Uhr)* lohnt einen Abstecher. *22 km nordwestlich*

NÁMĚŠŤ NA HANÉ [138 B2]

Das spätbarocke Schloss Namischt ist wegen der einzigartigen Sammlung historischer Kutschen *(Mai–Sept. Di–So 9–17 Uhr)* der Bischöfe von Olmütz ein beliebtes Ausflugsziel. Jeden Herbst findet hier das traditionelle *Hanakische Erntefest* statt. *18 km westlich*

ŠTERNBERK [138 B1]

Sternberg (14 000 Ew.) besitzt eine geschlossene historische Altstadt und ein beeindruckendes Burgschloss. *16 km nördlich*

OPAVA

[133 D4] Das Stadtbild Troppaus (60 000 Ew.), der alten Residenzstadt im österreichischen Kronland Schlesien, ist arg zer-

>LOW BUDGET

> Die *Nostalgiebahn* auf der der Strecke *Třemešná–Osoblaha* (ca. 20 km in 40 Min.) ist die älteste Schmalspurbahn Mitteleuropas. Die historische Dampfeisenbahn fährt überwiegend an Wochenenden und Feiertagen. Abfahrt vom Bahnhof in Třemešná. *Infos bei Robert Schaffartzik | Tel. 554 64 21 21 | starosta@ bohusov.eu | Familienkarte (mind. 3 Pers. hin und zurück) 330 Kronen*

> Das längste Höhlensystem Tschechiens bei *Lipová Lázne* erforschen. Lassen Sie sich von den bizarren Formen der Natur fesseln. Auf 460 m bei konstant 7,3 Grad erwarten Sie Stalaktiten wie der „Dom der weinenden Weide", oder ein „königlicher Kamin". *April– Okt. 9–16 Uhr | Jeskyne Na Pomezí | Lipová Lázne | Tel. 584 42 12 84 | www.caves.cz | 80 Kronen*

narbt. Die Nazis erklärten die Stadt im April 1945 zur Festung und verwandelten sie in einen Todeskessel für deutsche und russische Soldaten. Noch in den letzten Kriegswochen

Opavas repräsentatives Altes Rathaus mit seinem markanten Mittelturm

wurden an die 5000 Gebäude zerstört. Einzelne erhaltene Bauwerke lassen jedoch den einstigen Wohlstand erahnen. Architektonische Lösungen aus den 1920er- und 1930er-Jahren dokumentieren, dass sich die Erste Republik städtebaulich auf der Höhe der Zeit befand.

■ SEHENSWERTES ■

HORNÍ NÁMĚSTÍ
Am Oberring erregt der 72 m hohe *Stadtturm* des Alten Rathauses, *Hláska* genannt, Aufsehen: Auf quadratischem Grundriss wächst er sich nach oben zu einem Achteck aus, verjüngt sich dann in drei Kuppeln und endet schließlich in einer feinen Nadel. Die meisten Bürgerhäuser am Platz fielen den Zerstörungen des Zweiten Weltkriegs zum Opfer. Übrig blieben das *Stadttheater* vom Anfang des 20. Jhs. und die gotische *Propsteikirche Mariä Himmelfahrt*, die größte Backsteinkirche Tschechiens. Ein Turm des kraftvollen Baus trägt einen barocken Helm.

MASARYKOVA TŘÍDA
In der Masaryk-Straße stehen die schönsten Stadtpaläste: das barocke *Blücher-Palais (Nr. 35)*, das *Sobek-Palais (Nr. 28)* mit viel Stuck und das klassizistische *Skrbensky-Palais.* Die gotische *Kirche zum Heiligen Geist* des Minoritenklosters wurde barockisiert.

NÁMĚSTÍ REPUBLIKY
Ein ausgezeichnetes Beispiel der modernen Architektur der 1920er- und 1930er-Jahre in Tschechien ist das frühere *Kaufhaus Prior* (jetzt Brěda).

SLEZSKÉ ZEMSKÉ MUZEUM
Das *Schlesische Museum (Di–Sa 9–12 u. 13–16, So 9–12 u. 14–16 Uhr | Tyršova 1)* am Stadtpark ist in einem Neorenaissance-Kuppelbau unterge-

bracht und besitzt reiche kunstgewerbliche, historische und naturkundliche Sammlungen sowie Exponate zum schlesischen Brauchtum. Angegliedert sind das *Arboretum (tgl. 8–16 Uhr | Nový Dvůr u Opavy)* und die *Gedenkstätte für tschechoslowakische Freiheitskämpfer (April –Nov. Di–So 8.30–16.30 Uhr | Hrabyně)*.

ESSEN & TRINKEN

U TRI JABLONI

Gemütliches Restaurant mit traditioneller böhmischer Küche. Bier der Brauerei Bernard. *Tgl. | Sadova 46 | Tel. 608 25 61 26 | €*

ÜBERNACHTEN

HOTEL OPAVA

Modernes und komfortables 4-Sterne-Hotel in ruhiger Lage im Stadtpark, 15 Minuten vom historischen Zentrum entfernt. Mit Restaurant und Sommerterrasse und kostenlosem bewachtem Parkplatz. *20 Zi. | Žižkova 8 | Tel. 553 75 93 40 | Fax 553 75 93 62 | www.hotel-opava. cz | €€*

AUSKUNFT

INFORMAČNÍ CENTRUM

Horní náměstí 67 | Tel. 553 75 61 43 | www.opava-city.cz

ZIELE IN DER UMGEBUNG

BRUNTÁL [132 C4]

In Freudental (18 000 Ew.) besaß der Deutschritterorden das ehemalige Hochmeisterschloss beim Hauptplatz, eine barockisierte Renaissanceanlage. Im *Museum (Mai–Sept. Di–So 9–17 Uhr, April, Okt. 9–16 Uhr)* sind Gemälde alter Meister, Ta-

pisserien und Oldtimer zu sehen. *38 km westlich*

JESENÍK [132 C3]

Von Freiwaldau (12 500 Ew.) aus lassen sich hervorragend Touren ins *Altvatergebirge (Hrubý Jeseník)*, unternehmen. Das Naturschutzgebiet mit zahlreichen ==romantischen Tälern und Wasserfällen== erstreckt sich über 40 km Länge, der höchste Gipfel misst 1491 m. *62 km nordwestlich*

Insider Tipp

KRNOV [133 D3]

In Jagerndorf (26 000 Ew.) können Sie Ihr Lager im ehemaligen Minoritenkloster aus dem 14. Jh. aufschlagen. Vom ✹ Burgberg mit der barocken *Wallfahrtskirche* eröffnet sich ein schöner Blick auf das Altvatergebirge. In der Nähe die markante Silhouette der *Burgruine Schellenburg*. *24 km nordwestlich*

VELKÉ LOSINY [132 B4]

In Groß-Ullersdorf (2000 Ew.) wird seit dem 16. Jh. Papier produziert. Dokumentiert ist dies im *Papiermuseum* in der alten Manufaktur, die noch handgeschöpftes Bütten herstellt. Daneben lädt das *Renaissanceschloss* der Liechtensteiner mit seinem schönen Arkadenhof zum Besuch ein. *93 km westlich*

OSTRAVA (OSTRAU)

[133 E4–5] Das nordmährische Kohlerevier um Ostrau (313 000 Ew.) ist ein moderner Kontrapunkt zum Goldenen Prag, eine schwarze Stadt mit überraschend glanzvollem Kern. Die vielen mittlerweile stillgelegten Gruben mit ihren Fördertürmen und Abraumhalden in den Vororten des Städtekonglomerats verleihen ihr ein bizarres Aussehen. Besucher, die sich für die Technik des frühen 20. Jhs. begeistern können oder eine Schwäche für melancholische Industrielandschaften hegen, sind hier richtig. 1993 wurde der letzte Förderturm stillgelegt.

Und wer sich durch die vielen Trabantenstädte bis ins Zentrum vorgekämpft hat, ist erstaunt: So viel Eleganz hätte man diesem städtischen Industriedenkmal nicht zugetraut. Die Fußgängerzone führt durch einen mehr als passabel erhaltenen Altstadtkern mit repräsentativen Stadtpalästen und vielen stilvollen Kaffeehäusern.

Der wie ein Schornstein gestaltete Turm des Neuen Rathauses passt zu Ostrava

SEHENSWERTES

HORNICKÉ MUZEUM

Das Bergbaumuseum im Stadtteil Petřovice zeigt die Entwicklung des Reviers Ostrava Karviná vom ersten Stollen im 19. Jh. bis zu moderner Bergbautechnik. Im Schaubergwerk können Sie eine Grubenfahrt unternehmen. *Tgl. 9–18 Uhr | Pod Landekem 64 | www.muzeumokd.cz*

KOMENSKÉHO SADY

Für eine Bergbaustadt ungewöhnlich viel Grün bietet der ausgedehnte *Komeniuspark* am Ufer der Ostravice.

MASARYKOVO NÁMĚSTÍ

Städtischer Mittelpunkt ist der Masaryk-Platz mit dem *Alten Rathaus* und zahlreichen großbürgerlichen Gründerzeitbauten.

OSTRAVSKÉ MUZEUM

Am Masaryk-Platz beherbergt das *Alte Rathaus* mit seinen zwei barocken Türmen ein *Stadtmuseum* zur industriellen Entwicklung der Region und zur Volkskunde Nordmährens. *Di–So 9–12 u. 13–17 Uhr*

PROKEŠOVO NÁMĚSTÍ

Am Prokeš-Platz steht das ⭐ *Neue Rathaus.* Der wuchtige Flügelbau aus den 30er-Jahren, dessen 85 m hoher Turm – ein passendes Wahrzeichen für die Stadt der Schlote – die erkalteten „Kollegen" in der Vorstadt stolz überragt, repräsentiert die eindrucksvollste architektonische Epoche Ostravas: die klassische Moderne.

TECHNICKÁ UNIVERZÍTA

Die Technische Universität mit Bergbauakademie sei als ein Beispiel für viele schwungvolle Beton-Glas-Bauten der Moderne genannt.

ESSEN & TRINKEN

RESTAURANT FLAMENCO

Bunt eingerichtetes Restaurant. Umfangreiche Speisekarte mit einheimischen und internationalen Gerichten, bei denen der Schwerpunkt auf spanischer Küche liegt. *So geschl.* | *Pražákova 7* | *Tel. 596 63 80 96* | *www.dilos.cz* | €

RESTAURACE U DOŘÁČKŮ

Im schön renovierten Lokal herrscht moderne Jägerromantik. Es gibt klassisch tschechische Gerichte. *Tgl.* | *Hladnovska 19* | *Tel. 596 24 54 54* | *www.udvoracku.cz* | €€

ÜBERNACHTEN

IMPERIAL

Luxuriöses Haus mit allem Komfort im Zentrum. *130 Zi.* | *Tyršova 6* | *Tel. 599 09 97 17* | *Fax 599 09 95 99* | *www.imperial.cz* | €€€

HOTEL PALÁC ELEKTRA

Renoviertes Gebäude aus den 30er-Jahren, das günstig an der Füßgängerzone liegt. *16 Zi.* | *Umělecká 1* | *Tel. 596 13 36 44* | *Fax 596 13 36 25* | *www.palac-elektra.cz* | €€€

AUSKUNFT

MĚSTSKÉ INFORMAČNÍ CENTRUM

Nádražní 7 | *Tel./Fax 596 12 39 13* | *www.ostravainfo.cz*

ZIELE IN DER UMGEBUNG

FRÝDEK-MÍSTEK   [133 E–F5]

Die beiden Ortsteile der Doppelstadt Friedek-Mistek (60000 Ew.) sind durch den Fluss Ostravice voneinander getrennt. Ihre größten Attraktionen sind das *Barockschloss* mit einem markanten Turm, in dem das *Beskidenmuseum (Muzeum Beskyd, Frýdek* | *Di–So 9–17 Uhr* | *Zámecké nám. 1264)* untergebracht ist, und der arkadengesäumte *Marktplatz* von Místek. *15 km südlich*

JABLUNKOV   [139 F2]

Das Städtchen Jablunkau (6000 Ew.) ist ein guter Ausgangspunkt für Ausflüge ins *Jablunka-Gebirge.* Unweit der Stadt sind Reste einer *Renaissancefestung* zu besichtigen. Über den Gebirgszug verlief der historische Kupferweg aus der Mittelslowakei nach Schlesien. Die Reste eines Karpaten-Urwaldes gehören zu den schönsten Naturerlebnissen in Nordmähren, wobei ein großer Teil allerdings Schutzgebiet ist und nicht betreten werden darf. *40 km südöstlich*

> ## PARTYMEILE IN OSTRAVA
> *Wo sich die Jugend am Wochenende trifft*

Am Himmel des tschechischen Nachtlebens ist ein neuer Stern aufgegangen. Selbst junge Prager und Polen machen sich auf den langen Weg zur Ostrauer Amüsiermeile *Stodolni.* Viele Clubs und Kneipen öffnen in dieser Straße, Lokale reihen sich aneinander. Um zu informieren, wo und wann welcher DJ auflegt und welche Künstler auftreten, betreiben die Macher einen eigenen Radiosender und geben eine Zeitung heraus. *www.stodolni.cz*

> HOP, DVA, TŘI: AUF IN DIE NATUR!

Eins, zwei, drei vom böhmischen Wald ins böhmische Paradies

Die Touren sind auf dem hinteren Umschlag und im Reiseatlas grün markiert

1 NATURPARK ČESKÝ RÁJ: DAS BÖHMISCHE PARADIES

Was amerikanischen Trekkern der Yellowstone National Park, ist tschechischen Campern ihr 125 km² kleines Böhmisches Paradies. Das Naturpark-Dreieck zwischen den Städten Mnichovo Hradiště (Münchengrätz), Turnov (Turnau) und Jičín (Jitschin) gleicht dem Spielplatz eines jungen Gottes, der die Erschaffung der Welt üben durfte. So formte er bizarre Felsenstädte und -labyrinthe, stapfte fröhlich in kleinen Tümpeln herum, überzog die Steinformationen mit dichten Mischwäldern und errichtete an besonders gelungenen Stellen seiner Schöpfung kunstvolle Sandsteinburgen. Zum Schluss überließ er sein Gesellenstück den Nordböhmen, die anders als weiland Adam und Eva ihr Paradies seitdem nicht mehr verlassen haben.

Die Siebenmeilenstiefel sollte der Stadtmensch an der Pforte des Jit-

Bild: eine der Punkevní-Höhlen

AUSFLÜGE & TOUREN

schiner Berglandes abgeben und die heilsame Langsamkeit dieses zeitlosen Stücks heiler Welt gemessenen Schrittes erkunden. Das beste Verkehrsmittel sind die eigenen Füße oder ein Fahrrad. Und am besten sucht man sich auf einem der vielen wildromantischen Campingplätze eine schnuckelige Blockhütte *(chata)* mit eigener Veranda: z. B. am Waldrand 5 km südlich der Ortschaft Žd'ár. Dann erkundet man an sieben

Tagen voller sinnlicher Eindrücke die wichtigsten Stationen entlang der markierten Rad- und Wanderwege.

Lassen Sie es am ersten Tag ruhig angehen. Marschieren Sie vom Campingplatz auf dem rot markierten Weg in Richtung Hrada in den Wald. Nach einem moderaten Aufstieg wandern Sie auf einer Hochebene an den ersten kleinen Felstürmen vorbei. Etwa 20 Minuten später kommt die erste Herausforderung für alle, die nicht ganz schwindelfrei sind: eine steile Treppe führt auf die  Spitze eines gewaltigen **Sandsteinbrockens**. Von dort überblicken Sie in aller Ruhe Ihr Urlaubsreich.

Am zweiten Tag machen Sie einen Kulturtrip. Auf dem roten Wanderweg Richtung Südosten erreichen Sie nach etwa 11 km die **Burg Kost**. Der mittelalterliche Prachtbau mit gotischem Palas beherbergt eine Alchimistenküche.

Am dritten Tag setzen Sie ein paar Kilometer drauf, schlagen den gelben Weg Richtung Žehrov ein, biegen nach ca. 6 km auf den blauen Weg nach Vyskeř ab und erreichen nach insgesamt 15 km *Hrubá Skála*. Dort haben Sie die Wahl zwischen dem **Aehrenthalschen Schloss** oder den 220 Sandsteintürmen der **Felsenstadt** westlich des Ortes.

Am vierten Tag sind Sie bereits in passabler Form, weshalb Sie auf dem gelben Weg vom Vortag gleich bis Tachov weitermarschieren und dort auf den roten Weg nach Troskovice einbiegen. 17 km weiter belohnt Sie die **Burgruine Trosky** hoch auf einem schroffen Basaltfelsen mit einem geradezu gigantischen Ausblick.

Am fünften Tag begeben Sie sich wieder unter Menschen, Sie unternehmen einen Ausflug nach *Turnov* auf der kleinen Landstraße von Zd'ár über Všeň und Mašov (etwa 10 km). Der Ort (14 000 Ew.) hat zwar nicht gerade viel zu bieten, aber das **Museum des Böhmischen Paradieses** sollten Sie sich nicht entgehen lassen.

Am sechsten Tag gibt es einen kulturellen Höhepunkt: Über Olšina, Dneboh und Hoškovice erreichen Sie nach ungefähr 10 km *Mnichovo Hradiště*. Beschäftigen Sie sich dort gar nicht erst mit der vergeblichen Suche nach Sehenswürdigkeiten auf dem Marktplatz, sondern marschieren Sie schnurstracks zum **Wallensteinschen Renaissanceschloss**.

Am siebten Tag gehen Sie es ein bisschen bequemer an und gönnen

Romantische Ruine: Die Burg Trosky aus dem 14. Jh. ist auch im Verfall noch imposant

sich eine Autofahrt nach *Jičín*. In der 17000-Ew.-Stadt gibt es wieder einen richtigen Marktplatz mit Laubenhäusern und ein weiteres **Renaissanceschloss Wallensteins** mit Park. Auf dem Rückweg bietet sich ein Abstecher nach *Prachov* an, wo Sie sich die Beine in der bizarren Felsenstadt der **Prachower Felsen** *(Prachovské skály)* vertreten können. Nach etwa 200 Aufstiegen über 80 Türme und durch zahllose Grotten und Schluchten machen Sie im Zentrum dieser Naturgewalt eine Rast in der **Turistická chata**.

2 DER KARST: REISE IN DAS INNERSTE MÄHRENS

Das unterirdische Gegenstück zum Böhmischen Paradies ist der ⭐ *Moravský kras*, der Mährische Karst. Das 25 km lange und 6 km breite Drahaner Bergland nordöstlich von Brünn ist ein von unterirdischen Flüssen durchzogenes Labyrinth. Vom Wasser ausgehöhlte Kalkschichten stürzten in sich zusammen. Ergebnis sind tief eingeschnittene Canyons, zerklüftete Kalksteinformationen und plötzlich auftauchende Gewässer, die ebenso schnell wieder im Gestein verschwinden. Unter der Erde entstanden regelrechte Tropfsteinpaläste, in denen sich frei stehende Säulen bizarr auftürmen, riesige Steinzapfen von der Decke hängen und sich Kaskaden flüssigen Gesteins glänzend über die Wände ergießen. Auf 100 km² Fläche gibt es mehr als 1000 Höhlen, die meist nur für die Forschung freigegeben sind. Eine Rundfahrt schließt einen Kreis von etwa 30 km ein und ist per Auto oder Fahrrad an einem Tag zu bewältigen. Im Kernbereich stehen zahlreiche Verkehrsmittel zur Verfügung, die die Verbindung zwischen den Höhlen mittels Zügen, Schiffen und Schwebebahnen gewährleisten. Mountainbikes können überall günstig geliehen werden. Ausgangspunkt ist der Parkplatz des Hotels *Skalní mlýn* in *Blansko* (Informationen: Tel. 516 41 78 25 | www.cavemk.cz | Eintritt in die Höhlen jew. ca. 30 Kronen).

Sie beginnen am nördlichsten Punkt des Mährischen Karstes, etwa 10 km nördlich von Blansko, mit der Besichtigung der **Sloupsko-šošůvské-Höhlen**. Planen Sie für die Durchquerung dieses steinernen Irrgartens zwei Stunden ein. Auf einem verzweigten Weg von gut 3 km wechseln sich beklemmend enge Gänge und weite Hallen mit skurril geformten Tropfsteingehängen und -gewächsen ab. Etwa 5 km südöstlich, kurz unterhalb des Dorfes *Ostrov u Macochy*, liegt der Eingang zur **Jeskyně Balcarka**. Auf zwei Stockwerken wechseln die zarten Tropfsteingebilde der Balcar-Höhle chamäleonartig ihre Farben.

3 km südwestlich erreichen Sie den 🌿 Aussichtspunkt bei der **Macocha-Schlucht**. Der Blick fällt in einen 139 m tiefen Graben, aus dem schroffe Felswände emporsteigen. Die Schlucht entstand durch den Einsturz eines riesigen unterirdischen Doms. Karstgewässer und tektonische Störungen brachten seine Decke zum Bersten; der Schluchtboden ist noch heute mit ihren Resten bedeckt, unter der unterirdische Flüsse ihre Betten in den Kalk graben. Benannt ist der Canyon nach der Legendenfigur Macocha: eine alte Frau, die ihr Stiefkind in die Tiefe gestürzt haben soll. Das Kind blieb an einem Strauch hängen und wurde von Dorf-

bewohnern gerettet, die böse Macocha aber zur Strafe selbst in die Schlucht gestoßen.

Weitere 3 km südwestlich liegt die **Insider Tipp** *Kateřinská-Höhle.* Der durch Wasser auf einen Raum von 96 x 36 x 20 m ausgewaschene Hauptdom zeigt nur noch wenige Tropfsteinkaskaden. Die einst herunterhängenden Zapfen haben vor langer Zeit die Stalagmiten unter sich begraben. Dafür bietet der Kalksteinsaal eine hervorragende Akustik, die bereits für Klassikeinspielungen genutzt wurde. Danach durchqueren Sie das **Bambuswäldchen**, Hunderte stabartiger Stalagmiten, gruppiert zu einem Steinforst.

Wenige Kilometer nördlich von Blansko liegt der Eingang der **Punkevní-Höhlen**. Gut zwei Stunden dauert die Höhlenforschung, zum Teil per Boot auf der unterirdisch fließenden Punkva. Endstation sind zwei **Seen** im Boden der schon vorher bewunderten Macocha-Schlucht.

Nach dieser Expedition empfiehlt sich eine Übernachtung in der schönen alten **Mühle** (1888) am Stadtrand von **Boskovice**. Sie verbindet romantisches Ambiente mit Komfort, etwa einem türkischen Bad, und einem Restaurant *(Hotel Moravia | Lasákův Mlyn | 35 Zi. | Dukelská 77 | Tel. 516 45 44 41 | €€–€€€).*

3 BÖHMERWALD: HORT DER MÄRCHENSCHLÖSSER

Šumava, die Rauschende, wird der Böhmerwald im Tschechischen genannt. Um dieses akustische Naturereignis zu genießen, machen Sie eine etwa 200 km lange, 5-tägige Radrundreise auf den Spuren alter Adelsfamilien: Natur pur, nur unterbrochen von kulturellen Highlights. Ausgangsort ist *Horní Vltavice* an der oberen Moldau.

Folgen Sie am ersten Tag der Straße Richtung Zatoň. Nördlich von *Kaplice* liegt der Parkplatz des *Naturschutzgebiets* um den **Boubín**, des höchsten Berges (1362 m) im Böhmerwald. Marschieren Sie entlang der grünen Markierung zu einem idyllischen See. Nach dem Spaziergang haben Sie noch 30 km vor sich.

Im Hochsommer blühen die Weidenröschen am Lipno-Stausee mitten im Böhmerwald

Fahren Sie zurück bis Zatoň, und folgen Sie der warmen Moldau über Lenora bis zum **Lipno-Stausee**. Mieten Sie für die Nacht eine *chata* (Hütte) an einem der Campingplätze am See in **Horní Planá** *(S. 64)*.

Bevor Sie am nächsten Tag aufbrechen, werfen Sie einen Blick in das kleine *Museum Adalbert Stifters,* das Kindheit und Jugend des Dichters dokumentiert. Danach radeln Sie auf der idyllischen Seestraße über Frymburk 32 km bis zum Kloster **Vyšší Brod** *(S. 64)*. In zwei Stunden können Sie die gotische Hallenkirche und eine bedeutende Bibliothek besichtigen. Weiter geht es Richtung Český Krumlov, Sie machen aber nach 8 km einen Abstecher zur romantischen **Burg Rožmberk** *(S. 64)*. Die Führung durch die erhaltene Untere Burg dauert etwa 45 Minuten. 22 km weiter erreichen Sie das Kulturidyll **Český Krumlov** *(S. 62)* mit seinem lebendigen Nachtleben.

Auf der Fahrt Richtung Budweis stoßen Sie nach 8 km auf das **Zisterzienserkloster Zlatá Koruna** *(S. 64)*. 14 km später halten Sie im großzügigen **České Budějovice** *(S. 59)* an für einen Schweinebraten und ein kühles Budweiser. So gestärkt, setzen Sie die Fahrt Richtung Písek fort und machen nach 12 km beim **Märchenschloss Hluboká** *(S. 61)* Halt (Besichtigung: 1 Std.). 8 km weiter nehmen Sie die linke Abzweigung zum 5 km entfernten **Netolice** mit Campingplatz.

Der neue Tag bringt einen Ausflug zum 2 km entfernten **Wasserschloss Kratochvíle** *(S. 70)* mit der wohl originellsten Ausstellung Tschechiens im *Museum des tschechischen Trickfilms*. Nach einigen Steigungen rol-

So etwas wie das Neuschwanstein Böhmens: das Schloss Hluboká

len Sie ins 15 km entfernte **Prachatice** *(S. 68)* mit seinem historischen Stadtkern hinunter. In Richtung Volary machen Sie nach etwa fünf Bergkilometern eine kleine Wanderung zum ⚜ Aussichtsturm auf dem **Libín** *(S. 70)*: Eine tolle Aussicht über den Böhmerwald und eine urige Berghütte belohnen Sie.

Am fünften Tag geht es fast nur noch bergab. Über Volary kehren Sie ins Moldautal und nach 22 Tageskilometern nach **Horní Vltavice** zurück.

EIN TAG IN SÜDBÖHMEN

Action pur und einmalige Erlebnisse.
Gehen Sie auf Tour mit unserem Szene-Scout

WAKE UP

8:00

Frühstück besorgen, einpacken lassen und dann ab zum Reitclub *Nowa*. Dort werden die Pferde gesattelt und in den Sonnenaufgang galoppiert. Sobald sich der kleine Hunger meldet, heißt es absitzen und im Gras Platz nehmen. Dieses Picknick-Frühstück hat Wachmachergarantie! **WO?** *Na vyhlídce 348, Vyšší Brod | Tel. 602 84 09 79 | ab 8 Euro | www.nowa.cz*

9:00

WILDWASSER

Schwimmweste an und rein ins Boot: Jetzt wird es nass.

Im Zwei-Mann-Schlauchboot geht's auf der Moldau 8 km lang durch reißende Stromschnellen und über sanfte Wellen. **WO?** *Sport-S Basis, Papouščí skála in Nové Spoli, Český Krumlov | Mai–Sept. | 15,90 Euro | www.navodu.cz*

RITTERMAHL

12:00

Lust auf ein saftiges Steak, das fast so groß ist wie der Teller? Dann bitte unter mittelalterlichem Gewölbe am Holztisch Platz nehmen und zuschauen, wie die gewählten Speisen am offenen Feuer zubereitet werden. Vegetarier? Auch kein Problem: Das Gemüserisotto ist mindestens genauso lecker! **WO?** *Restaurace Maštal, Náměstí Svornosti č. p. 2, Český Krumlov | Tel. 380 71 37 70 | www.satlava.cz*

14:00

GÄNSEHAUT-TOUR

Jetzt wird's gespenstisch. Bei der *Ghosttour* erfährt man z. B, dass im Pfarrhaus noch

heute der Geist des alten Besitzers umherirrt. Jedes Mal, wenn die Messe zu seinem Gedenken vergessen wird, macht er seinem Unmut darüber Luft. Diese und andere Geschichten jagen einem an Original-Schauplätzen kleine Schauer über den Rücken. **WO?** *Krumlov Tours, Zámek 56, Český Krumlov | 10 Euro | Tel. 723 06 95 61 | www.krumlovtours.com*

24 h

DEM HIMMEL SO NAH
15:30

Romantiker aufgepasst! Wer schon immer mal für andere die Sterne vom Himmel holen wollte, kommt ihnen jetzt zumindest ein Stück näher. Mit der Seilbahn geht's auf den Berg Klet, in das höchstgelegene Observatorium Böhmens. Hier kann man ferne Galaxien erforschen und Planeten durch das Teleskop beobachten. **WO?** *Klet Observatory, Zátkovo nábřeží 4, České Budějovice | März–Aug. und Nov. | www.klet.org*

19:00
LET'S ROLL

Ran an die Kugel und auf zur Bowlingbahn! Nicht vom ersten Eindruck täuschen lassen: Vom Mini-Rundbau geht's in den Untergrund zu den Bahnen. Im spacigen Weltraum-Ambiente heißt es jetzt: konzentrieren, zielen und Strike! Wer die meisten Pins trifft, gewinnt. **WO?** *Horni 154, Česky Krumlov | Tel. 380 71 20 99 | www.bowling-ck.cz*

GESUND SCHLEMMEN
20:30

Wie wär's mit Kichererbsencreme mit Knoblauch, Tahini, Zitrone und Olivenöl und danach einem China Green Monkey Tea? Der Magen knurrt allein bei diesem Gedanken? Das Restaurant *Laibon* ist die Lösung. In dem Renaissancegebäude direkt am Ufer der Moldau kann man erst arabische Köstlichkeiten genießen und dann in der Teestube die mehr als 70 Teesorten durchprobieren. **WO?** *Parkán 105, Český Krumlov | Tel. 728 67 66 54 | www.laibon.cz*

23:00
PARTYTIME

Partyhopping steht auf dem Plan: Frisch gestärkt geht's nach Budweis! Im *Modrý dveře* gibt's zuerst Livemusik auf die Ohren. Bei Jazz und Blues wird das Lokal zur Dancearea. Gut eingegroovt ist man nun in der Stimmung für den Nightclub *K2*. Im Lieblingsladen der Tanzfans wird gefeiert, bis die Sonne aufgeht. **WO?** *Biskupská 1, České Budějovice | www.modrydvere.cz | und Sokolský ostrov 1, České Budějovice | www.k2cb.cz*

> REITEN, RUDERN, RADFAHREN

Erholung auf Wander- und auf Wasserwegen

> Tschechien mit dem Rad zu erkunden macht besonders viel Spaß. Es gibt zahlreiche ruhige Nebenstraßen, die durch kleine Ortschaften führen. In landschaftlich reizvollen Gebieten existiert ein gut ausgebautes Netz von Radwegen, z.B. im Šumava (Böhmerwald), im Krkonoše (Riesengebirge) und im Český ráj (Böhmisches Paradies).

Auch auf Schusters Rappen lassen sich die Naturschönheiten des Landes entdecken. Ein dichtes Netz an markierten Wanderwegen erleichtert die Orientierung bei Wanderungen etwa durch das Hrubý Jeseník (Altvatergebirge). Stauseen (z.B. Orlík- und Lipno-Stausee) bieten im Sommer die Möglichkeit zu baden, Campingplätze findet man meist in Ufernähe. Für Bootswandertouren und Kanufahrten bieten sich zahlreiche Flüsse an (u.a. Moldau, Eger, Sazau). Im Winter haben Skifahrer die Qual der großen Auswahl. Sie dürfen sich

Bild: die Moldau bei Rožmberk

SPORT & AKTIVITÄTEN

im Riesen-, Iser- oder Erzgebirge und im Böhmerwald austoben. Jogger können in den vielen Parks und Grünanlagen des Landes wunderbar laufen.

Ein Highlight für Sportkonsumenten ist der Prager Internationale Marathon *(www.pim.cz)* im Mai. Für wenig Geld (ca. 3 Euro) können Fußballfans ein Erstligaspiel in Prag besuchen und dabei jede Menge Lokalkolorit mitnehmen.

BERGSTEIGEN, KLETTERN & WANDERN

Interessante Kletterpartien sind in allen Gebirgszügen entlang der Grenzen – vom Adlergebirge in Ostböhmen über die Beskiden und Karpaten an der slowakischen Grenze bis zum Riesengebirge – möglich.

Für angehende Klettermaxe und Freeclimber offeriert *Karel Plechař (Lužická 26 | Ústí nad Labem | Tel./Fax 475 77 36 39)* bis zu einwöchige

Kurse in den nordböhmischen Mittelgebirgszügen samt theoretischem Drumherum. Organisierte Wanderungen im Böhmerwald gekoppelt mit einem kulturellen Erlebnisprogramm bietet Dr. Erwin Aschenbrenner an: *www.boehmen-reisen.de.*

GOLF

Sehr attraktiv ist der Platz unterhalb der Burg Karlstein bei Prag, den man allerdings rechtzeitig buchen sollte. Über diese und andere Locations informiert die Website *www.golf.cz.* Passend wohnt man im Marienbader *Parkhotel Golf (Zádub 580 | Máriánské Lázně | Tel. 354 62 26 51 | Fax 354 62 26 55 | www.parkhotel-golf.cz | €€€)* mit Pitch-&-Put-Platz.

RADFAHREN & MOUNTAINBIKING

Das Straßennetz ist gut ausgebaut, und selbst kleinste Nebenstrecken sind meist asphaltiert und gut befahrbar. Die Straßen in den Naturparks sind für den Autoverkehr gesperrt und damit ideale Radlerstrecken, ebenso frei zugängliche Wanderwege. Insbesondere im Böhmerwald, im Iser- und Riesengebirge gibt es reizvolle Mountainbike-Strecken mit Steigungen zwischen 7 und 12 Prozent. Der tschechische Tourismusverein hat begonnen, ein nationales Radfernwegenetz auszuschildern. Die gelben Schilder zeigen neben dem Fahrradpiktogramm einen Richtungspfeil und eine Streckennummer. Die Routen sind in der kostenlosen Broschüre „Rad fahren in grenzenloser Weite" *(www.czechtourism.com)* beschrieben. Mountainbiking in Karlsbad: *LKM Mattoni Karlovy Vary | Infos: Jan Novák | Dr. Bechera 18 | Karlovy Vary | Tel./Fax 353 58 62 29 | lkm@mattoni.cz*

REITEN

Ostböhmen ist die Region der Pferdenarren. In der Nähe von Hradec

Überall kann man den perfekten Bunkerschlag trainieren – oft in herrlicher Umgebung

SPORT & AKTIVITÄTEN

Králové (Königgrätz) befindet sich ein Must für Pferde- und Westernfans: Der Gutshof *Nová Amerika* mit der größten Reithalle im östlichen Mitteleuropa (84 mal 30 m) wurde liebevoll restauriert. Reitern, vom Anfänger bis zum Profi, stehen weitläufige Koppeln und das herrliche, leicht hügelige Hinterland für wilde Ritte zur Verfügung. *Zaloňov 45 | Jaroměř | Tel. 499 69 43 20 | Fax 499 69 41 09 | www.novagolf.cz*

RUDERN & PADDELN

Bei Wassersportlern in Tschechien sind neben der oberen Moldau die Flüsse Lužnice, Sazava, Morava und Berounka besonders beliebt. Wer das Land vom Wasser aus erfahren und außerdem Leute kennenlernen will, der kann eine geführte Bootswanderung buchen, beispielsweise eine Zweitagestour an der oberen Moldau und ihrem Nebenfluss Otava (ca. 20 Euro pro Person). *Infos: www.kanusport.at*

Eine der meistbefahrenen Flussstrecken Europas ist der Abschnitt der Moldau (Vltava) zwischen Vyšši Brod (Hohenfurt) und Budweis. Die 70 km lange Strecke wird im Hochsommer von Tausenden Booten befahren. Zahllose Zeltplätze ermöglichen einen gemütlichen Fünf-Tage-Trip inklusive Besichtigung der berühmten Moldaustädte Rožmberg, Krumlov und Česke Budějovice. *http://rivers.raft.cz*

SKIFAHREN & SNOWBOARDEN

Gute Pisten gibt es in allen tschechischen Mittelgebirgszügen: Adlergebirge (Ostböhmen, Zentrum: Dešt-

Noch ein Geheimtipp sind die Skigebiete in den tschechischen Mittelgebirgen

né), Böhmerwald (Südböhmen, Zentrum: Železná Ruda), Erzgebirge (Nordwestböhmen, Zentrum: Klínovec), Isergebirge (Nordböhmen, Zentren: Liberec, Bedřichov, Špičák, Severák), Riesengebirge (Nordostböhmen, Zentren: Špindlerův Mlýn, Harrachov, Pec pod Sněžkou, Rokytnice nad Jizerou, Janské Lázně, Vrchlabí). Genauere Infos unter *www.snowpage.de*.

Für Snowboarder und Après-Ski-Fans seien besonders die Skigebiete in Harrachov mit schönen Powderruns, Špindlerův Mlýn mit Funpark, Backcountry, Halfpipe und Freeride empfohlen: *www.holidayinfo.cz*.

Wer abseits der großen Skizentren bleiben möchte, ist in den nordmährischen Beskiden gut aufgehoben. In dem schneesicheren Gebiet kann man bis in den April Skilauf, vor allem auch Langlauf betreiben (ein Zentrum ist die Region Pustevny).

Insider Tipp

> EINE REISE IN DIE GUTE ALTE ZEIT

Marionetten und Weihnachtskrippen, Ritterburgen, Kutsch- und Dampfzugfahrten – auch Kindheitsträume der Eltern werden wahr

> **In puncto Kinderfreundlichkeit nimmt Tschechien eine europäische Durchschnittsrolle ein. Allerdings hat sich die Tourismusbranche bisher kaum auf die Zielgruppe „junge Familie mit Kindern" eingestellt; speziell auf Reisende mit Kindern zugeschnittene Angebote sind deshalb Mangelware.**

Eine Ausnahme ist das *European Center for Eco Agro Tourism (www. eceat.cz),* eine seit Mitte der 90er-Jahre auch in Tschechien arbeitende Organisation, die tschechische Landwirte, vor allem Ökobauern, dabei unterstützt, in der Wachstumsbranche Tourismus ein Standbein zu finden. Auf der Website *www.prazd ninynavenkove.cz* („Ferienaufdemland") finden Interessenten ein nach Regionen gegliedertes Verzeichnis von einigen Hundert Höfen, Landhotels und Campingplätzen. Neben den Klassikern der Bauernhofferien – im Stall und auf dem Feld mithelfen,

MIT KINDERN REISEN

Kontakt mit Tieren, reiten und Kutsche fahren, Rad fahren, gesund und gut essen, Ausflüge in die Umgebung – bieten einige Höfe auch Extras wie Tennis, Badminton und Sauna an.

■ NORDBÖHMEN ■

CENTRUM BABYLON [130 B–C2]

Der Freizeitpark in Liberec wartet mit viel Abwechslung auf: Er bietet Erholung im ersten *Aquapark* Tschechiens. Während die Kinder sich in einem ganzen System von Becken und Rutschbahnen vergnügen, lassen sich die Erwachsenen in einem der vielen Restaurants verwöhnen. Der *Lunapark,* ein großer integrierter Spielplatz in Form eines Kirmesplatzes mit Karussell, garantiert zusammen mit einem *Hotel,* einem kleinen *Einkaufsstädtchen* und einem *Museum des interaktiven Lernens,* dass keine Wünsche unerfüllt bleiben. *Kernöffnungszeit tgl. 10–22 Uhr | Ni-*

transká 1 | Liberec | unterschiedliche, gestaffelte Preise für die einzelnen Attraktionen (Eintritt für Kinder bis 100 cm Größe meist frei) | *www.centrumbabylon. cz*

MITTELBÖHMEN

MÜHLE BRZINA [135 F2]

Die ehemalige Dorfmühle Brzina liegt an einem Badeteich und mitten in einer schönen Waldlandschaft. Einen Rad- und Sportgeräteverleih finden Sie direkt am Ort. Im Winter herrschen meist gute Bedingungen für Langläufer, und nicht nur die Kinder genießen dann das Schlittschuhlaufen auf dem Teich.

Den Landurlaub können Sie hier kombinieren mit Ausflügen in die Stadt, wo die Kids sicher Spaß haben im *Spielzeugmuseum (Museum hraček)* auf dem Hradschin, im *Wachsfigurenkabinett* in der Melantrichova 5 oder im *Spiegelkabinett* auf dem Petřin. *Kunclův mlýn | Vladimír Kuncl | Brzina 7 | Svatý Jan u Sedlčan | Tel.* 318 86 20 10 | *Fax* 318 86 23 25 | *www.kuncluvmlyn.cz*

ZOOLOGISCHER GARTEN IN PRAG [130 A–B5]

Nach all den erwachsenen Strapazen bei Mamas und Papas Kulturtrips gehts jetzt in den Zoo: Das macht nicht nur tierisch Spaß, es ist auch noch spottbillig. Der Zoo ist das ganze Jahr über täglich ab 9 Uhr geöffnet. *Zoologická zahrada v Praze | U Trojského zámku 3 | März bis 17 Uhr, April, Mai, Sept., Okt. bis 18 Uhr, Juni–Aug. bis 19 Uhr, Nov.–Feb. bis 16 Uhr | 100 Kronen, Kinder 70 Kronen | www.zoopraha.cz*

SÜDBÖHMEN

BUSIL [135 D4]

Die Familienfarm aus dem 14. Jh. liegt mitten im Böhmerwald. Die Betreiber züchten hier auf 75 ha Rinder und Pferde. Geeignet für Liebhaber intakter Natur, die auf Nachtleben verzichten können. Vegetarier kön-

Vielleicht werden nach dem Urlaub auch Ihre Kinder nach Trachten trachten

nen sich auf die fleischlosen Spezialitäten aus der Šumava-Küche freuen. Kontakt: *Ing. Pavel Mourek | Kochánov II 22 | Busil u Hartmanice | Tel. 376 59 30 32*

DAMPFEISENBAHNFAHRT [136 B3–4]

für Tipp

Mit einer Fahrt mit der Schmalspureisenbahn *JHMD (Jindřichohradecké místní dráhy)* können Sie einen Kindertraum erfüllen. Für die 30 km von *Jindřichův Hradec* nach *Nová Bystřice* oder die 50 km nach *Obrataň* haben Sie die Wahl zwischen einer Dampflok vom Anfang des 20. Jhs. oder einem Triebwagen aus den 50er-Jahren. Mit Speisewagen geht es durch die südböhmische Wald- und Teichlandschaft. *Juli–Sept. | Nádražní 203/II | 140 Kronen, Kinder 70 Kronen | www.jhmd.cz*

PLANWAGENFAHRT [136 B3]

für Tipp

Mit einem braven Pferd vor dem Planwagen eine Woche durch Südböhmens Teichlandschaft zuckeln: Ein unvergesslicher Abenteuerurlaub für die ganze Familie ist garantiert. Im Inneren gemütliches Doppel- und Kajütenbett und Kochecke. *Bohemia Express | Lodhéřov | Tel. 384 36 32 85 | www.zigeunerwagenferien.com*

OSTBÖHMEN

KRIPPENMUSEUM
TŘEBECHOVICE POD OREBEM [131 E4]

Das *Třebechovické muzeum betlémů* zeigt eine Sammlung von Weihnachtskrippen. Berühmt ist die mechanische Weihnachtskrippe der Volkskünstler Josef Probovt und Josef Kapucián. Sie besteht aus mehr als 2000 geschnitzten Einzelteilen. *Mai–Sept. Di–So 8–12 u. 13–17 Uhr,*
Okt.–April Di–So 9–12 u. 13–15 Uhr | Masarykovo nám. 24 | 40 Kronen, Kinder 20 Kronen

MARIONETTENMUSEUM
CHRUDIM [131 D5]

Faszinierend für große und kleine Kinder: das Spiel mit Marionetten. Im Chrudimer Museum können die Kids nicht nur eine große Sammlung internationaler Figuren begutachten, sie dürfen die Puppen sogar selber tanzen lassen. *März, Okt. Mo–Fr 9–17, Sa, So 13–17 Uhr, April, Mai, Sept. tgl. 9–17 Uhr, Juli, Aug. tgl. 9–18 Uhr | Břetislavova 74 | 30 Kronen, Kinder 15 Kronen*

SÜDMÄHREN

BUCHLOV [138 C4]

Im Rittersaal und in der „Schwarzen Küche" der mittelalterlichen Burg Buchlau können Kinder sich einen Eindruck vom Alltag zu Ritterzeiten machen. *Tgl. 9–16 Uhr | 50 Kronen, Kinder 30 Kronen*

NORDMÄHREN

ŠUMPERK [133 D4]

Mährisch-Schönberg besitzt ein hübsches Schlösschen mit einem Heimatmuseum und ein erlebnisorientiertes Kinderparadies, das sogenannte *Veteran Muzeum* in der Nähe der Stadt: ein Freilichtmuseum und Tierpark auf einem alten Bauernhof mit Pfauen, Lamas, Straußen und Affen. Auf Ponys und Eseln kann geritten werden, außerdem sitzt man am Lagerfeuer und kann zelten. *April–Okt. tgl. 8–20 Uhr, Nov.–März 8–17 Uhr | Vikýřovice | U Lávky 3 | zu erreichen auf der Straße Šumperk–Rapotín | 30 Kronen, Kinder 20 Kronen*

> VON ANREISE BIS ZOLL

Urlaub von Anfang bis Ende: die wichtigsten Adressen und Informationen für Ihre Tschechien-Reise

ANREISE

AUTO

Aus Westen führt die A 6 über Nürnberg und Amberg nach Pilsen und weiter nach Prag und Brünn. Von Nord nach Süd wird derzeit noch am letzten Teilstück der Autobahn von Dresden nach Prag und von dort weiter Richtung Budweis gebaut.

BAHN

Innerhalb Tschechiens besteht ein dichtes Eisenbahnnetz, das jedoch völlig überaltert ist. Die Züge können daher nur sehr langsam fahren. Die Fahrt nach Prag dauert von Hamburg ca. acht, von Köln zehn, von München sieben Stunden.

BUS

Busverbindungen bestehen zwischen einigen deutschen Städten und Prag.

FLUGZEUG

Die meisten deutschen, österreichischen und schweizerischen Flughäfen bieten mehrmals täglich Flüge nach Praha-Ruzyně an. Shuttlebusse ins Zentrum (16 km) sind eine billigere Alternative zum Taxi. Außerdem gibt es Niederlassungen diverser Autovermieter.

AUSKUNFT

TSCHECHISCHE TOURISMUSZENTRALE
Friedrichstr. 206 | 10969 Berlin | Tel./Fax 030/204 47 70 | Mo 14–18,

PRAKTISCHE HINWEISE

AUTO

Vorgeschrieben sind Führerschein, KFZ-Schein und die grüne Versicherungskarte. Die Benutzung der Autobahnen ist gebührenpflichtig. Es gelten gestaffelte Preise (22 Euro für 14 Monate, 6 Euro für 1 Monat, 3 Euro für 10 Tage; bei Verstoß beträgt die Geldstrafe 5000 Kronen). Die häufig kontrollierten Höchstgeschwindigkeiten von 50 km/h in Ortschaften, 90 km/h auf Landstraßen und 130 km/h auf Autobahnen sollten eingehalten werden – ebenso das strikte Alkohol- und Telefonierverbot am Steuer und das im Winter auch tagsüber vorgeschriebene Fahren mit Abblendlicht. Bleifrcics Benzin heißt *Natural* bzw. *Super-Natural,* Dieseltreibstoff *Nafta.*

BANKEN & GELD

Landeswährung ist die Krone (1 Krone = 100 Heller). Beachten Sie beim Geldwechseln nicht nur die Wechselkurse, sondern auch die Gebühren. Zu Bargeld kommen Sie in Wechselstuben (hohe Gebühren; niemals bei Chequepoint wechseln!), in Hotels oder am besten an den zahlreichen Geldautomaten.

CAMPING

Camping ist ein Volkssport in Tschechien, weshalb Sie in fast jeder Stadt einen Zeltplatz finden. Eine angenehme Besonderheit sind die *chaty,* kleine Hütten, oft mit Veranda, die wegen ihrer Popularität leider häufig ausgebucht sind. Einen Überblick über die rund 400 Camps finden Sie im Internet unter *www.camp.cz.*

> WAS KOSTET WIE VIEL?

> **KAFFEE**	**0,25–1,20 EURO**	für eine Tasse
> **EIS**	**15–80 CENT**	für eine kleine Kugel
> **BIER**	**0,40–1,20 EURO**	für eine Halbe (0,5 l)
> **IMBISS**	**1,10–2 EURO**	für einen gebackenen Käse
> **BENZIN**	**1,20 EURO**	für 1 l Super bleifrei
> **TAXI**	**90 CENT**	Tarif pro km (= 25 Kč)

DIPLOMATISCHE VERTRETUNGEN

DEUTSCHE BOTSCHAFT IN PRAG
Vlašská 19 | Tel. 257 11 31 11

ÖSTERREICHISCHE BOTSCHAFT IN PRAG
Viktora Huga 10 | Tel. 257 09 05 11

SCHWEIZER BOTSCHAFT IN PRAG
Pevnostní 7 | Tel. 220 40 06 11

EINREISE

Personenkontrollen an den Grenzen gibt es nicht mehr. Deutsche und Österreicher sollten aber nach wie vor Personalausweis oder Reisepass, Schweizer Identitätskarte oder Reisepass mit sich führen, um sich ausweisen zu können.

EINTRITTSPREISE

Die Eintrittspreise für Museen im ganzen Land liegen bei 1–3 Euro. Eine Ausnahme bildet – wie bei allen Preisen – Prag: Hier müssen Sie mit bis zu 10 Euro rechnen.

INTERNET

Informative Websites: *www.czecot. com* (offizielle Seite mit allen Infos für Touristen); *www.travelguide.cz* (umfangreicher Buchungsservice für Hotels und Pensionen); *www.zamky-hrady.cz* (viele sehenswerte Schlösser, Burgen, Ruinen); *www.vlak-bus. cz* (alle Zug- und Busverbindungen); *www.tschechien-online.org* (Webkatalog mit über 5000 Links zu allen Themen; Sprachführer); *www.iyhf.cz* (Jugendherbergen); *www.prague post.cz* (Szene, Veranstaltungen).

INTERNETCAFÉS & WLAN

In Prag gibt es eine ganze Reihe solcher Läden: *Cafe Spika | Dlážděná 4 | Tel. 224 21 15 21; Pl@neta | Vinoradská 102 | Tel. 267 31 11 82; Inetpoint | Jungmannova 32 | Tel. 296 24 59 62.* Weitere Internetcafés unter *www.worldofinternetcafes.de.*

Die Wahrscheinlichkeit, dass man in Hotels, an Raststätten oder in speziellen Cafés mit WLAN ins Netz kommt, wird auch in Tschechien immer größer. Beste und aktuelle Seite zu den momentan verfügbaren Hot-Spots: *www.hotspotlocations.com.*

KLIMA & REISEZEIT

Böhmens Klima unterscheidet sich kaum von dem Süddeutschlands. In Südmähren trifft man dagegen auf ein deutlich milderes Klima mit warmen und eher niederschlagsarmen Sommern.

WETTER IN PRAG

	Jan.	Feb.	März	April	Mai	Juni	Juli	Aug.	Sept.	Okt.	Nov.	Dez.
	1	3	9	14	19	23	25	24	21	13	7	2
Tagestemperaturen in °C												
	−4	−3	0	4	9	12	14	14	10	6	2	−2
Nachttemperaturen in °C												
	2	3	4	6	8	8	8	8	6	4	1	1
Sonnenschein Std./Tag												
	6	5	6	8	9	9	9	9	7	7	6	7
Niederschlag Tage/Monat												

PRAKTISCHE HINWEISE

NOTRUF

Notfallzentrale: *112*
Rettungsdienst: *155*
Polizei: *158*
Feuerwehr: *150*

ÖFFENTLICHE VERKEHRSMITTEL

Tschechische Städte zeichnen sich durch ein hervorragendes und kostengünstiges öffentliches Nahverkehrsnetz aus. Fahrkarten *(jizdenky)* bekommen Sie in jedem Tabakladen *(kiosk)* für ca. 16 Kronen.

Auch die Fahrpreise für Züge liegen deutlich unter deutschem Niveau, das gilt allerdings auch für die Reisegeschwindigkeit. Auf Bahnsteigen und an Haltestellen gilt Rauchverbot.

ÖFFNUNGSZEITEN

Geschäfte und Banken: *Mo–Fr 8.30–18, Sa 8.30–11 Uhr*, Supermärkte manchmal länger. Schlösser und Museen (Mittagspause 12–13 Uhr) sind montags oft geschlossen.

POST

Briefmarken für Postkarten und Briefe (10 Kronen) ins europäische Ausland bekommen Sie außer bei der Post *(pošta)* in vielen Tabakläden *(tabák, trafika)*.

TELEFON & HANDY

Telefonkarten erhalten Sie bei der Post oder in Tabakläden. Vorwahlen: Deutschland 0049, Österreich 0043, Schweiz 0041, Tschechien 00420. Seit der Umstellung des Telefonnetzes beginnen die durchgehend neunstelligen Nummern nicht mehr mit der 0.

Das Telefonieren per Handy ist in Tschechien sehr teuer. Beim Roaming spart, wer das günstigste Netz wählt. Mit einer tschechischen Prepaid-Karte entfallen die Gebühren für eingehende Anrufe. Prepaid-Karten wie die von Global-Sim *(www. globalsim.net)* oder Globilo *(www. globilo.de)* sind zwar teurer, ersparen aber ebenfalls alle Roaming-Gebühren. Und: Sie bekommen schon zu Hause Ihre neue Nummer. Immer günstig sind SMS. Hohe Kosten verursacht die Mailbox: noch im Heimatland abschalten!

WÄHRUNGSRECHNER

€	Kč	Kč	€
1	26,15	10	0,38
3	78,50	25	0,95
5	130,80	60	2,30
7	183,10	150	5,75
15	392,40	400	15,30
25	654,00	700	26,80
40	1046,40	2000	76,55
50	1308,00	3000	114,80
200	5232,10	5000	191,35

TRINKGELD

Für Dienstleistungen aller Art, also auch in Restaurants, wird ein Trinkgeld von etwa 10 Prozent der Rechnungssumme erwartet.

ZOLL

Bei der Ausfuhr aus Tschechien sind pro EU-Bürger Waren für den persönlichen Gebrauch zollfrei. Richtwerte z. B. 800 Zigaretten, 200 Zigarren, 1 kg Tabak, 10 kg Kaffee, 110 l Bier, 90 l Wein, 10 l Spirituosen. Für Schweizer gelten andere Höchstmengen. *www.zoll.de* | *www. zoll.admin.ch*

> MLUVÍŠ ČESKY?

„Sprichst du Tschechisch?" Dieser Sprachführer hilft Ihnen,
die wichtigsten Wörter und Sätze auf Tschechisch zu sagen

Aussprache

Zur Erleichterung der Aussprache:
Trotz weniger Vokale, vieler *háčky* (Häkchen) und *čárky* (Akzente) ist die Aussprache
nicht allzu schwierig. Betont wird generell auf der ersten Silbe.

c	wie Cäsar	ě	wie je	š	wie sch
č	wie tsch	ň	wie nj	ť	wie tj
ch	wie in Buch	ř	wie rsch	z	wie s in Sieg
ď	wie dj	s	wie ß in Fuß	ž	wie j in Journal

■ AUF EINEN BLICK

Ja./Nein.	Ano. ['ano]/Ne. [nä]
Bitte.	Prosím. ['prossihm]
Danke.	Děkuji. ['djäkuji]
Gern geschehen.	Rádo se stalo. ['rahdo ssä 'stalo]
Können Sie mir bitte helfen?	Prosím vás, můžete mi pomoci?
	['prossihm was 'muschätä mi 'pomotsi]
Hilfe!	Pomoc! ['pomots]
Ich möchte …	Chtěl/-a bych … ['chtjäl/-a bich]
Haben Sie …?	Máte …? ['mahtä]
Wie viel kostet es?	Kolik to stojí? ['kolik to 'stojih]
Wie spät ist es?	Kolik je hodin? ['kolik jä 'hodjin]
Entschuldigung!	Promiňte! ['prominjtä]
Wie bitte?	Prosím? ['prossihm]
Ich verstehe Sie/dich nicht.	Nerozumím vám/ti.
	['närosumihm wahm/tji]

■ KENNENLERNEN

Guten Morgen!	Dobré jitro! ['dobräh 'jitro]
Guten Tag!	Dobrý den! ['dobrih 'dän]
Guten Abend!	Dobrý večer! ['dobrih 'wätschär]
Hallo! Grüß dich!	Ahoj! [a'hoj]
Wie ist Ihr Name, bitte?	Jaké je vaše jméno, prosím?
	['jakäh jä 'waschä 'mähno 'prossihm]
Mein Name ist …	Jmenuji se … ['mänuji ssä]
Ich bin aus …	Jsem z … ['ssäm s]
Wie geht es Ihnen/dir?	Jak se máte/máš?
	['jäk ssä 'mahtä/'mahsch]
Danke. Und Ihnen/dir?	Děkuji. A vy/ty? ['djäkuji a 'wi/ti]

> **www.marcopolo.de/tschechien**

SPRACHFÜHRER TSCHECHISCH

| Auf Wiedersehen! | Na shledanou! ['nas chlädanou] |
| Tschüs! | Ahoj! [a'hoj] |

■ UNTERWEGS ■■■■■■■■■■■■■■■■■■■■

AUSKUNFT

Bitte, wo ist …?	Prosím vás, kde je …?
	['prossihm 'wahs gdä jä]
Bahnhof	nádraží ['nahdraschih]
Haltestelle	zastavka ['sasstahfka]
Taxistand	stanoviště taxiků
	['sstanowischtjä 'taxikuh]
Wo kann ich den Fahrschein kaufen?	Kde si můžu koupit lístek?
	['gdä ssi 'muhschu 'koupit 'lihsstäk]
Wie weit ist das?	Jak je to daleko? ['jak jä to 'daläko]
Überqueren Sie …	Přejděte … ['prschäjdjätä]
… die Brücke.	… přes most. ['prschäs mosst]
… den Platz.	… přes náměstí. [… nahmnjässtjih]
… die Straße.	… přes ulici. [… ulizi]
offen	otevřený ['otäwrschänih]
geschlossen	zavřeno ['sawrschäno]
Eingang/Ausgang	vchod ['fchot]/východ ['wihchot]
Wie komme ich zur Autobahn nach …?	Jak se dostanu na dálnici na …?
	['jak ssä 'dostanu 'nadahlnjitsi 'na]
Immer geradeaus bis …	Pořád rovně až …
	['porschaht 'rownjä asch]
Dann links/rechts abbiegen.	Potom odbočte (zahněte) do leva/ do prava. ['potom 'odbotschtä ('sahnjätä) 'doläwa/'doprawa]

PANNE

Ich habe eine Panne.	Měl/-a jsem poruchu.
	['mnjäl/-a ssäm 'poruchu]
Können Sie mal nachsehen?	Můžete se na to podívat?
	['muhschätä ssä 'nato 'podjihwat]
Wo ist hier in der Nähe eine Werkstatt?	Je tady někde blízko autoopravna?
	['jä 'tadi njägdä 'blihsko 'auto,oprawna]

TANKSTELLE

| Ich möchte … Liter … | Chtěl/-a bych … litrů … |
| | ['chtjäl/-a bich … litruh] |

... Normalbenzin.

... Super.

... Diesel.

Volltanken, bitte.

... benzínu speciál.
['bänsihnu 'spätsijahl]

... benzínu super.
['bänsihnu 'ssupr]

... nafty. ['nafti]

Plnou (nádrž) prosím.
['plnou ('nahdrsch) 'prossihm]

UNFALL

Es ist ein Unfall passiert!

Rufen Sie bitte schnell ...

   ... einen Krankenwagen.

   ... die Polizei.

   ... die Feuerwehr.

Es war meine/Ihre Schuld.

Geben Sie mir bitte Ihren
Namen und Ihre Anschrift.

Vielen Dank für Ihre Hilfe.

Stala se nehoda! ['stala ssä 'nähoda]

Zavolejte prosím rychle ...
['sawoläjtä 'prossihm 'richlä]

   ... sanitku. ['sanitku]

   ... policii. ['politsiji]

   ... požárníky. ['poschahrnjihki]

Byla to moje/vaše vina.
['bila to 'mojä/'waschä 'wina]

Napište mi prosím své jméno
a adresu. ['napischtä mi 'prossihm
swä 'mähno a 'adrässu]

Děkuji vám za pomoc.
['djäkuji wahm 'sapomots]

■ ESSEN & TRINKEN

Wo gibt es hier
ein gutes Restaurant?

Ich nehme ...

Auf Ihr Wohl!

Das habe ich nicht bestellt.

Bezahlen, bitte.

Hat es geschmeckt?

Das Essen war ausgezeichnet.

Kde je tady nějaká dobrá restaurace?
['gdä jä 'tadi 'njäjakah 'dobrah
'rästauratsä?]

Dal-a bych si ... ['dal-a bich ssi]

Na vaše zdraví! ['nawaschä 'sdrawih]

To jsem si neobjednal/-a.
['to ssäm ssi 'näobjädnal/-a]

Platit prosím. ['platjit 'prossihm]

Chutnalo vám? ['chutnalo wahm]

Bylo to výborné. ['bilo to 'wihbornäh]

■ ÜBERNACHTUNG

Können Sie mir bitte ...
empfehlen?

   ... ein gutes Hotel ...

   ... eine Pension ...

Haben Sie noch Zimmer frei?

Ein Einzelzimmer ...

Můžete mi prosím doporučit ...
['muhschätä mi 'prossihm 'doporutschit]

   ... nějaký dobrý hotel?
['njäjakih 'dobrih 'hotäl]

   ... penzión? ['pänsijon]

Máte ještě volné pokoje?
['mahtä '(j)äschtjä 'wolnäh 'pokojä]

Jednolůžkový ... ['jädno'luhschkowih]

Ein Zweibettzimmer …
  … mit Dusche/Bad.

  … für eine Nacht.
  … für eine Woche.
Was kostet das Zimmer
mit Frühstück?

Dvoulůžkový … ['dwou'luhschkowih]
  … se sprchou/s koupelnou.
  ['ssäsprchou/'skoupälnou]
  … na jednu noc. ['najädnu 'nots]
  … na týden. ['natihdän]
Kolik stojí pokoj se snídaní?
['kolik 'stojih 'pokoj 'säsnjihdanjih]

▪ PRAKTISCHE INFORMATIONEN

ARZT

Können Sie mir einen
guten Arzt empfehlen?

Ich habe hier Schmerzen.

Ich habe Fieber.

Můžete mi doporučit nějakého
dobrého lékaře?
['muhschätä mi 'doporutschit
'njäjakähho 'dobrähho 'lähkarschä]
Mám bolesti tady.
['mahm 'bolästji 'tadi]
Mám horečku. ['mahm 'hörätschku]

BANK

Wo ist hier bitte …
  … eine Bank?
  … ein Geldautomat?

Kde je tady … ['gdä jä 'tadi]
  … banka? ['banka]
  … peněžní automat?
  ['pänjäschnjih 'automat]

POST

Wie viel kommt auf
  … einen Brief…
  … eine Postkarte…
  … nach Deutschland?

Kolik se dává ['kolik ssä 'dahwah]
  … na dopis ['nadopis] …
  … na lístek ['nalistäk] …
  … do Německa? ['donjämätska]

▪ ZAHLEN

0	nula ['nula]	19	devatenáct ['däwatänahtst]
1	jeden (m)/jedna (f) [jädän/'jädna]	20	dvacet [dwatsät]
2	dva (m) ['dwa], dvě (f) ['dwjä]	21	dvacet jedna ['dwatsät 'jädna]
3	tři ['trschi]	50	padesát ['padässaht]
4	čtyři ['schtirschi]	90	devadesát ['däwadässaht]
5	pět ['pjät]	100	sto ['sto]
6	šest [schäst]	200	dvě stě ['dwjä 'stjä]
7	sedm ['ssädum]	300	tři sta ['trschi 'sta]
8	osm ['ossum]	1000	tisíc ['tjissihts]
9	devět ['däwjät]	2000	dva tisíce ['dwa 'tjissihtsä]
10	deset ['dässät]	10 000	deset tisíc ['dässä'tjissihts]
11	jedenáct ['jädänahtst]	1/2	půl [puhl]
15	patnáct ['patnahtst]	1/4	čtvrt [(t)schtwrt]

REISEATLAS TSCHECHIEN

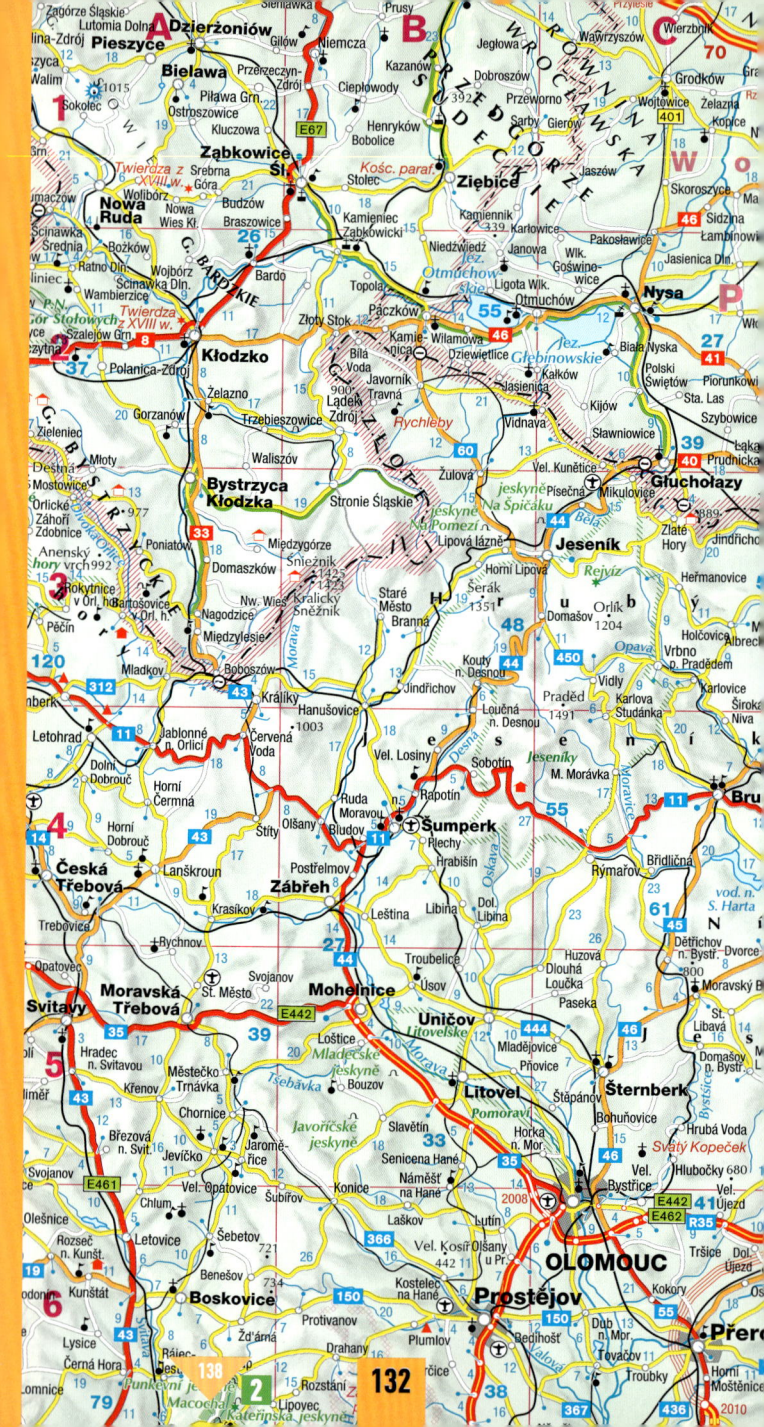

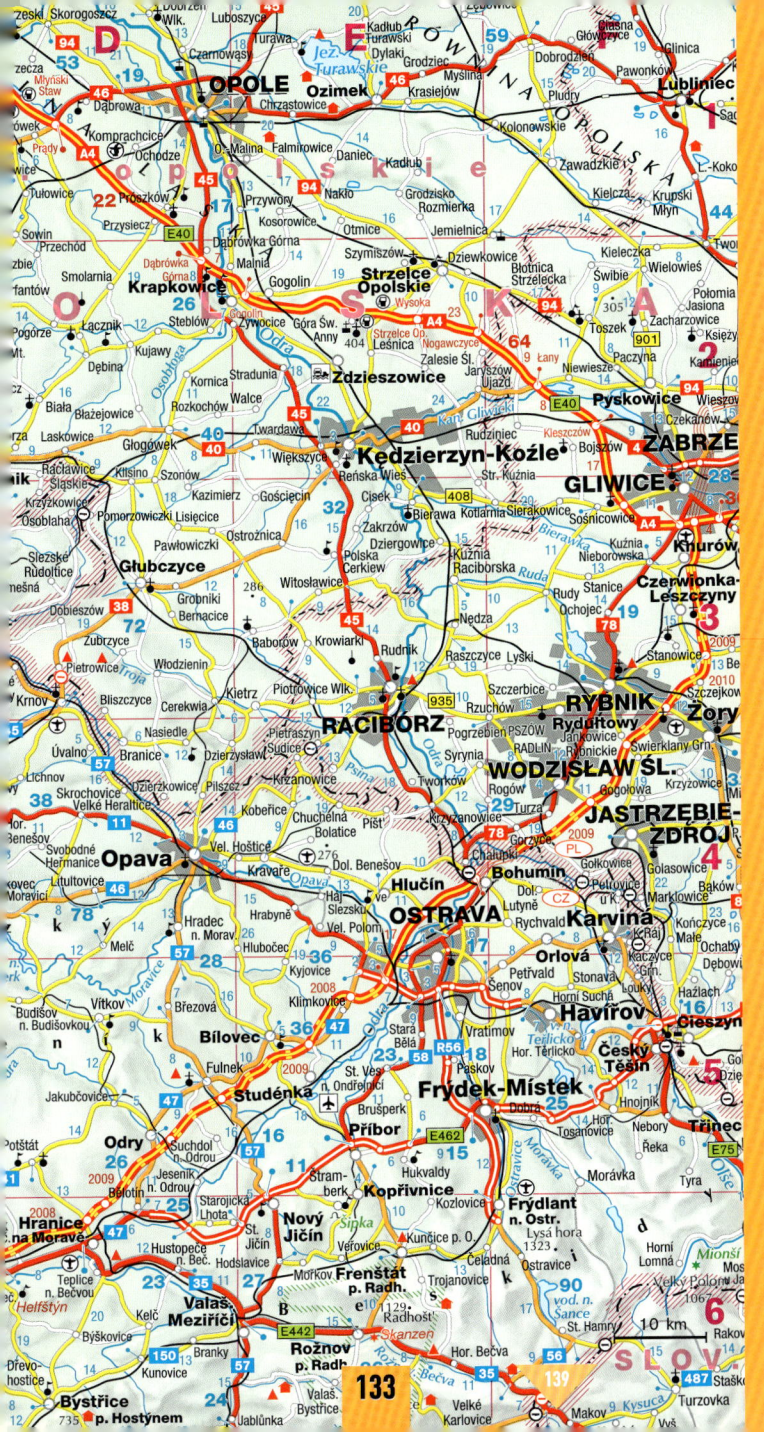

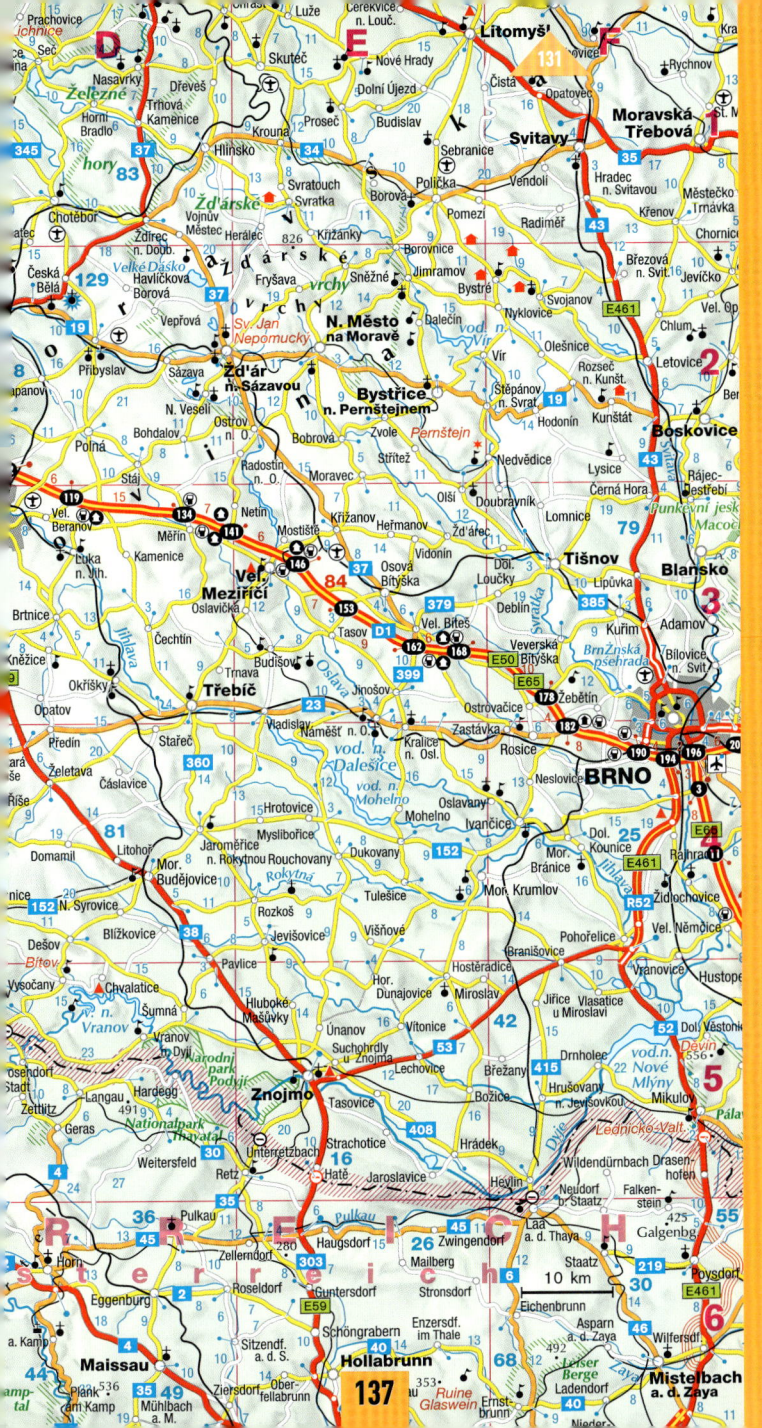

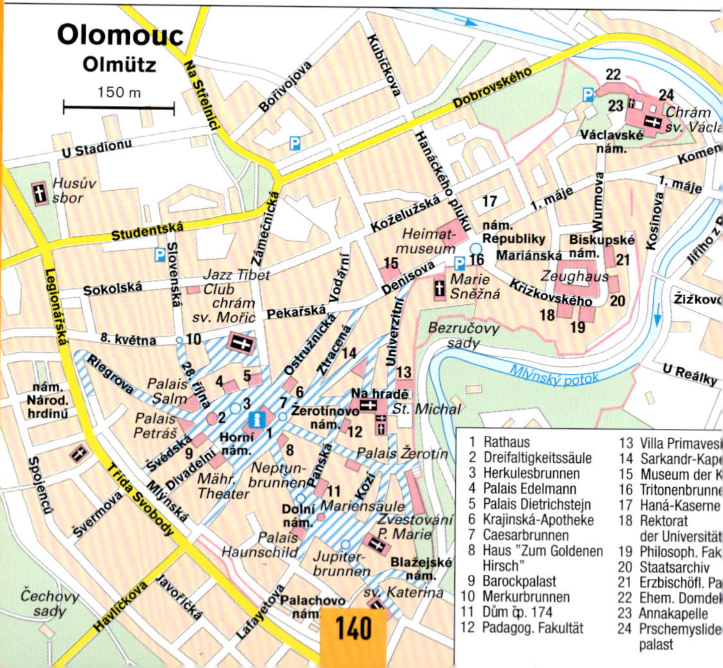

Brno
Brünn

300 m

BRNO-MĚSTO

STARÉ BRNO

Olomouc
Olmütz

150 m

1	Rathaus	13 Villa Primaves[i]
2	Dreifaltigkeitssäule	14 Sarkandr-Kape[lle]
3	Herkulesbrunnen	15 Museum der K[...]
4	Palais Edelmann	16 Tritonenbrunne[n]
5	Palais Dietrichstejn	17 Haná-Kaserne
6	Krajinská-Apotheke	18 Rektorat
7	Caesarbrunnen	der Universität
8	Haus "Zum Goldenen	19 Philosoph. Fak
	Hirsch"	20 Staatsarchiv
9	Barockpalast	21 Erzbischöfl. Pa[...]
10	Merkurbrunnen	22 Ehem. Domdek[...]
11	Dům čp. 174	23 Annakapelle
12	Padagog. Fakultät	24 Prschemyslide[n]palast

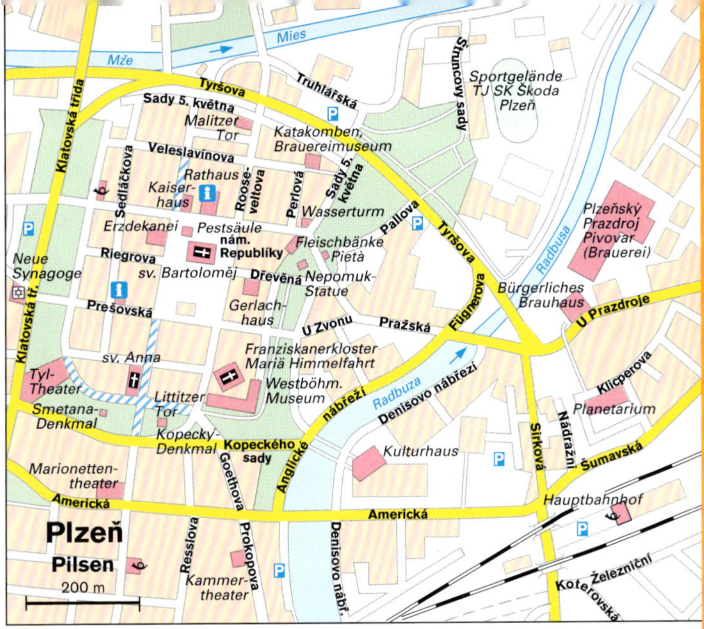

Plzeň / Pilsen

Mže
Mies

Tyršova
Sady 5. května
Sady 5. května
Truhlářská
Sincový sady
Sportgelände TJ SK Škoda Plzeň

Klatovská třída
Malitzer Tor
Katakomben, Brauereimuseum
Veleslavínova
Sedláčkova
Roosenveltova
Kaiser-haus
Rathaus
Perlová
Pallova
Wasserturm
Radbuša
Plzeňský Prazdroj Pivovar (Brauerei)

Erzdekanei
Pestsäule
nám. Republiky
Fleischbänke
Pietà
Tyršova
Flügnerova
Bürgerliches Brauhaus
U Prazdroje

Neue Synagoge
Riegrova
sv. Bartoloměj
Dřevěná
Nepomuk-Statue
Prešovská
Gerlach-haus
U Zvonu
Pražská
Klicperova

Klatovská
sv. Anna
Franziskanerkloster
Mariä Himmelfahrt
Westböhm. Museum
Radbuza
Denisovo nábřeží
Nádraží
Sírková
Šumavská
Planetarium

Tyl-Theater
Littitzer Tor
Smetana-Denkmal
Kopecky-Denkmal
Kopeckého sady
Goethova
Anglické nábřeží
Kulturhaus
Hauptbahnhof

Marionetten-theater
Americká
Reslova
Prokopova
Denisovo nábř.
Americká
Koterovská
Železniční

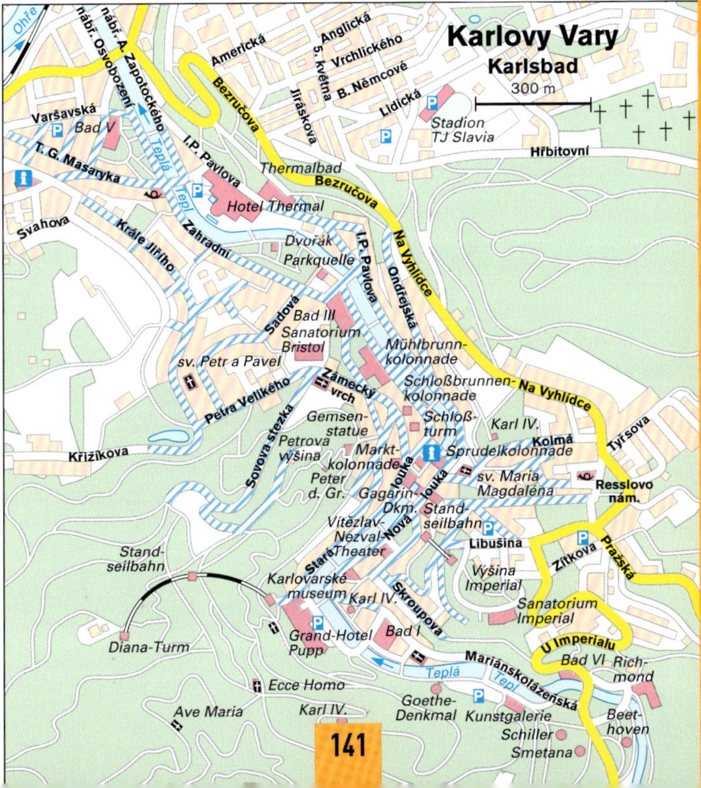

Plzeň
Pilsen
200 m
Kammer-theater

Karlovy Vary / Karlsbad

Ohře
nábř. Osvobození
nábř. A. Zápotockého
Americká
Anglická
Vrchlického
5. května
Karlovy Vary
Karlsbad
300 m

Varšavská
Bad V
T. G. Masaryka
Bezručova
Jiráskova
B. Němcové
Lidická
Stadion TJ Slavia
Hřbitovní

Teplá
I. P. Pavlova
Thermalbad
Bezručova

Svahova
Krále Jiřího
Zahradní
Hotel Thermal
Dvořák Parkquelle
I. P. Pavlova
Na Vyhlídce

Sadová
Bad III
Sanatorium Bristol
Ondřejská
Mühlbrunn-kolonnade

sv. Petr a Pavel
Petra Velikého
Sovova stezka
Zámecký vrch
Schloßbrunnen-kolonnade
Schloß-turm
Na Vyhlídce

Křižíkova
Gemsen-statue
Petrova výšina
Markt-kolonnade
Peter d. Gr.
Gagarin
Tržiště
Karl IV.
Sprudelkolonnade
sv. Maria Magdaléna
Kolmá
Resslovo nám.
Tyršova

Stand-seilbahn
Vítězslav-Nezval-Theater
Stará
Nová
Stand-seilbahn
Libušina
Výšina Imperial
Žitková
Pražská

Diana-Turm
Karlovarské museum
Karl IV.
Bad I
Škroupova
Sanatorium Imperial
U Imperialu

Grand-Hotel Pupp
Ecce Homo
Mariánskolázeňská
Bad VI Richmond

Ave Maria
Karl IV.
Goethe-Denkmal
Kunstgalerie
Teplá
Beethoven
Schiller Smetana

141

Autobahn mit Anschlussstellen Motorway with junctions	Wartenstein Sehenswert: Kultur - Natur Umbalfälle Of interest: culture - nature
Autobahn in Bau Motorway under construction	Badestrand Bathing beach
Mautstelle Toll station	Besonders schöner Ausblick Important panoramic view
Raststätte mit Übernachtung Roadside restaurant and hotel	Ausflüge & Touren Excursions & tours
Raststätte Roadside restaurant	Nationalpark, Naturpark National park, nature park
Tankstelle Filling-station	Sperrgebiet Prohibited area
Autobahnähnliche Schnell- straße mit Anschlussstelle Dual carriage-way with motorway characteristics with junction	Kirche Church
Fernverkehrsstraße Trunk road	Kloster Monastery
Durchgangsstraße Thoroughfare	Schloss, Burg Palace, castle
Wichtige Hauptstraße Important main road	Moschee Mosque
Hauptstraße Main road	Ruinen Ruins
Nebenstraße Secondary road	Leuchtturm Lighthouse
Eisenbahn Railway	Turm Tower
Autozug-Terminal Car-loading terminal	Höhle Cave
Zahnradbahn Mountain railway	Ausgrabungsstätte Archaeological excavation
Kabinenschwebebahn Aerial cableway	Jugendherberge Youth hostel
Eisenbahnfähre Railway ferry	Allein stehendes Hotel Isolated hotel
Autofähre Car ferry	Berghütte Refuge
Schifffahrtslinie Shipping route	Campingplatz Camping site
Landschaftlich besonders schöne Strecke Route with beautiful scenery	Flughafen Airport
Alleenstr. Touristenstraße Tourist route	Regionalflughafen Regional airport
XI-V Wintersperre Closure in winter	Flugplatz Airfield
Straße für Kfz gesperrt Road closed to motor traffic	Staatsgrenze National boundary
8% Bedeutende Steigungen Important gradients	Verwaltungsgrenze Administrative boundary
Für Wohnwagen nicht empfehlenswert Not recommended for caravans	Grenzkontrollstelle Check-point
Für Wohnwagen gesperrt Closed for caravans	Grenzkontrollstelle mit Beschränkung Check-point with restrictions
	PARIS Hauptstadt Capital
	MARSEILLE Verwaltungssitz Seat of the administration

REGISTER

Im Register sind alle erwähnten Orte und Ausflugsziele verzeichnet. Halbfette Seitenzahlen verweisen auf den Haupteintrag, kursive auf ein Foto.

Adlergebirge 10, 74, 111, 113
Altvatergebirge s.
  Hrubý Jeseník
Beskiden 91, 111, 113
Blansko 105
Blatná 67f.
Böhmerwald s. Šumava
Böhmisches Paradies s.
  Český ráj
Boskovice 106
Boubín 106
Bouzov (Burg) 15, *96*, 97
Brno 10, 22f., 28, **80ff.**, 118
Brünn s. Brno
Bruntál 99
Buchlov (Burg) 117
Budweis s. České Budějovice
Busil u Hartmanice 116
Červená Lhota (Schloss) 66
Česka Skalice 78
České Budějovice *8*, 10, 26f.,
  58, **59ff.**, 68, 107, 109, 113,
  118
Český Krumlov 13, 22f., *58/59*,
  62ff., 107ff.
Český les 58
Český ráj 9, 44, *44/45*, 49,
  102ff., 110f.
Český Šternberk (Burg) 56f.
Cheb 31ff.
Chlum 23, **77**
Chlum u Třeboně 73
Chlumec nad Cidlino 77
Chodová Planá 15, 36
Chrudim 117
Děčín 48
Děstné 113
Dlouhý 49
Dolní Věstonice 87
Domažlice 23, **34f.**
Duchcov (Schloss) 48
Eger s. Cheb
Elbsandsteingebirge s.
  Labské pískovce
Erzgebirge 110, 113
Františkovy Lázně 9, **33**, 38
Franzensbad s.
  Františkovy Lázně
Frenštát pod Radhoštěm 93
Frydek-Místek 101
Frýdlant 46f.
Fulnek 93
Harrachov 15, 113
Helfštýn (Burg) 97
Hluboká nad Vltavou (Schloss)
  61, 107
Horní Planá **64**, 107
Horní Vltavice 106f.
Horšovský Týn 35
Hradec Králové 12, 22f., 74,
  75ff., 112

Hrubá Skála 104
Hrubý Jeseník 91, 99, 110
Hukvaldy 93
Husinec 70
Isergebirge 44, 110, 112f.
Jablunkov 101
Janské Lázně 113
Jaroměř 113
Jaroměřice nad Rokytnou
  (Schloss) 89
Jesenice-Stausee 33f.
Jeseník 99
Ještěd (Berg) 47
Jičín 78, 102, 105
Jihlava 89
Jindřichův Hradec 23, **64ff.**,
  117
Kadaň 37
Karlovy Vary 9, 23, 30, *30/31*,
  34, **35ff.**, 38, 112
Karlsbad s. Karlovy Vary
Karlštejn (Burg) 51, **57**, 112
Kašperské Hory 70
Kladruby 43
Klášterec nad Ohří 37
Klatovy 38f.
Klattau s. Klatovy
Königgrätz s. Hradec Králové
Kolín 53
Kolinec 14
Konopiště 57
Konstantinovy Lázně 43
Kopřivnice 93
Kost (Burg) 104
Kouřim 53f.
Kratochvíle (Schloss) 9, 23, **70**,
  107
Kravařsko 10, 91
Krkonoše 44, **47**, 110ff.
Krnov 99
Kroměříž 23, *80/81*, **84**
Krumau s. Český Krumlov
Krumlov 113
Kuhländchen s. Kravařsko
Kuks 77
Kutná Hora 22f., **51ff.**, 56
Kuttenberg s. Kutná Hora
Labské pískovce 44, **48**
Lednice 87
Liberec **45ff.**, 49, 101, 113ff.
Libín **70**, 107
Lidice 57
Lindberg 14
Lipnice nad Sázavou 79
Lipno-Stausee 13, *106*, 107,
  110
Lipová Lázne 97
Litoměřice 48f.
Litomyšl 23, *74/75*, **79**
Litovel 97
Lodhéřov **66**, 117

Loket (Burg) 37
Lomec 61
Macocha-Schlucht 105f.
Mariánské Lázně 9, 38, **39ff.**,
  112
Marienbad s. Mariánské Lázně
Mikulov 10, *19*, 27, **85ff.**
Mnichovo Hradiště 102, 104
Moravsky kras 105f.
Náměšť na Hané 23, **97**
Netolice 107
Neuhaus s. Jindřichův Hradec
Neutitschein s. Novy Jičín
Nikolsburg s. Mikulov
Nová Bystřice 117
Novy Jičín 91ff.
Obrataň 117
Olmütz s. Olomouc
Olomouc 11, 22, 26, 28,
  90/91, 90, **95ff.**
Opava 90, **97ff.**
Orlík nad Vltavou (Schloss) 68
Ostrau s. Ostrava
Ostrava 10, 22, 28, 90, **99ff.**
Ostroh (Burg) 34
Ostrov 37
Pardubice 10, 22, 74, **78ff.**
Pardubitz s. Pardubice
Pavlovské vrchy 88
Pec pod Sněžkou 113
Pelhřimov 22, 64, **72**
Pernštejn (Burg) 84, *85*
Pilsen s. Plzeň
Písek *66*, **67f.**
Plzeň 15, 26, 36, **42f.**, 118
Prachatice 22, 58, **68ff.**, 107
Prachatitz s. Prachatice
Prachov 105
Prag s. Praha
Praha 7, 9ff., *11*, 12ff., *16/17*,
  17ff., 22f., *24/25*, 28, 50,
  50/51, **54ff.**, 94, 111, 116,
  118ff., 147f.
Reichenberg s. Liberec
Riesengebirge s. Krkonoše
Rožmberk nad Vltavou (Burg)
  14, **64**, 107, 113
Rožmberský rýbník 73
Rožnov pod Radhoštěm 23,
  90, *92*, **93f.**
Rychnov nad Kněžnou 78
Schneekoppe s. Sněžka
Skalka-Stausee 33f.
Slavkov u Brna (Austerlitz) 84
Slavonice 66
Sněžka 47
Soos 33
Špindlerův Mlýn 113
Šternberk 97
Strakonice 68
Štramberk 94

IMPRESSUM

Štvanice 12
Šumava 58, **106f.**, 110, 112f.
Šumperk 117
Sušice 71
Svatý Ján u Sedlčan 116
Švihov (Schloss) 39
Tabor 18, 23, **71f.**
Telč *21*, 88f.
Teltsch s. Telč
Teplá 41f.
Teplice 23, **47ff.**
Teplitz s. Teplice
Terezín (Theresienstadt) 49
Thaya-Stausee 89

Třebechovice pod
    Orebem 117
Třebíč (Schloss) 22, **89**
Třeboň 72f.
Třemešná 97
Troppau s. Opava
Trosky (Burg) 104
Trutnov 12
Turnov 102, 104
Uherské Hradiště 84
Ústí nad Labem **49**, 111
Valašské Meziříčí 94
Velhartice (Burg) 39
Velehrad 84

Velké Losiny 99
Vimperk *70/71*, 71
Vranov nad Dyjí *6/7*, 89
Vyšší Brod 23, **64**, 107f., 113
Wittingau s. Třeboň
Zatoň 106f.
Žďár 103
Žďár nad Sázavou 85
Železná Ruda 113
Zlatá Koruna **64**, 107
Zlín 85
Znaim s. Znojmo
Znojmo 10, 23, 80, 84, **89**
Zvíkov 23, **68**

SCHREIBEN SIE UNS!

Liebe Leserin, lieber Leser,

wir setzen alles daran, Ihnen möglichst aktuelle Informationen mit auf die Reise zu geben. Dennoch schleichen sich manchmal Fehler ein – trotz gründlicher Recherche unserer Autoren/innen. Sie haben sicherlich Verständnis, dass der Verlag dafür keine Haftung übernehmen kann.

Wir freuen uns aber, wenn Sie uns schreiben.

Senden Sie Ihre Post an die
MARCO POLO Redaktion,
MAIRDUMONT, Postfach 31 51,
73751 Ostfildern,
info@marcopolo.de

IMPRESSUM

Titelbild: Volkstanzfestival (Getty Images/Lonely Planet Images: Nebesky)
Fotos: Andel's Hotel Prague: Rene Jakl (14 o.); M. Angerer-Herda/Jürgen Herda (147); Bilderberg: Kal lay (60); Chodovar s.r.o.: Jiří Klimaj (15 M.); Dipl.Ing. Břetislav Wajtr (108 o. l.); R. Freyer (26, 27, 28/29); Getty Images/Lonely Planet Images: Nebesky (1); J. Gläser (22); G. Hartmann (2 l., 2 r., 3 M., 6/7, 11, 21, 28, 37, 40, 44/45, 46, 58/59, 69, 70/71, 72, 74/75, 88/89, 104, 106, 107, 126/127); P. Hautzinger (3 r., 4 l., 8, 80/81, 90/91, 98, 100, 114/115); HB Verlag (3 l.), Martini (22/23, 76), Spiia (U. l., U. r., 23, 66, 113, 116); © iStockphoto.com: CWLawrence (15 o.), ivanmateev (13 o.), kjohansen (108 M.l.), lillisphotography (108 u. r.), naphtalina (108 u. r.), NeilPope (109 M.r.), ozgurdonmaz (108 M.r.), pipia (13 u.), Pleio (109 o. l.), pomortzeff (15 u.), steps (12 u.), YinYang (109 M.l.); Lade: Kreichwost (92, 96); Mauritius: Mehlig (U. M., 85); D. Renckhoff (49, 52, 55); Rock For People: Qwerty.cz (12 M.); Christine Sagstetter (14 u.); T. Stankiewicz (4 r., 5, 19, 24/25, 29, 30/31, 32, 33, 34/35, 39, 42, 43, 48, 50/51, 57, 63, 65, 79, 82, 86/87, 95, 102/103, 110/111, 112); Transit-Archiv: Härtrich (16/17); Florian Wittmann (12 o.)

6. (9.), aktualisierte Auflage 2008
© MAIRDUMONT GmbH & Co. KG, Ostfildern
Verlegerin: Stephanie Mair-Huydts; Chefredaktion: Michaela Lienemann, Marion Zorn
Autoren: Monika Angerer-Herda, Jürgen Herda; Redaktion: Arnd M. Schuppius
Programmbetreuung: Leonie Dlugosch, Nadia Al Kureischi; Bildredaktion: Gabriele Forst, Roger M. Gill
Szene/24h: wunder media, München
Kartografie Reiseatlas: © MAIRDUMONT, Ostfildern
Innengestaltung: Zum goldenen Hirschen, Hamburg; Titel/S. 1–3: Factor Product, München
Sprachführer: in Zusammenarbeit mit Ernst Klett Sprachen GmbH, Stuttgart, Redaktion PONS Wörterbücher
Das Werk einschließlich aller seiner Teile ist urheberrechtlich geschützt. Jede urheberrechtsrelevante Verwertung ist ohne Zustimmung des Verlages unzulässig und strafbar. Das gilt insbesondere für Vervielfältigungen, Übersetzungen, Nachahmungen, Mikroverfilmungen und die Einspeicherung und Verarbeitung in elektronischen Systemen.
Printed in Germany. Gedruckt auf 100% chlorfrei gebleichtem Papier

FÜR IHRE NÄCHSTE REISE

gibt es folgende MARCO POLO Titel:

DEUTSCHLAND

Allgäu
Amrum/Föhr
Bayerischer Wald
Berlin
Bodensee
Chiemgau/Berchtes-
  gadener Land
Dresden/Sächsische
  Schweiz
Düsseldorf
Eifel
Erzgebirge/Vogtland
Franken
Frankfurt
Hamburg
Harz
Heidelberg
Köln
Lausitz/Spreewald/
  Zittauer Gebirge
Leipzig
Lüneburger Heide/
  Wendland
Mark Brandenburg
Mecklenburgische
  Seenplatte
Mosel
München
Nordseeküste
  Schleswig-
  Holstein
Oberbayern
Ostfriesische Inseln
Ostfriesland/
  Nordseeküste
  Niedersachsen/
  Helgoland
Ostseeküste
  Mecklenburg-
  Vorpommern
Ostseeküste
  Schleswig-
  Holstein
Pfalz
Potsdam
Rheingau/
  Wiesbaden
Rügen/Hiddensee/
  Stralsund
Ruhrgebiet
Schwäbische Alb
Schwarzwald
Stuttgart
Sylt
Thüringen
Usedom
Weimar

ÖSTERREICH | SCHWEIZ

Berner Oberland/
  Bern
Kärnten
Österreich
Salzburger Land
Schweiz
Tessin
Tirol
Wien
Zürich

FRANKREICH

Bretagne
Burgund
Côte d'Azur/
  Monaco
Elsass
Frankreich
Französische
  Atlantikküste
Korsika
Languedoc-
  Roussillon
Loire-Tal
Normandie
Paris
Provence

ITALIEN | MALTA

Apulien
Capri
Dolomiten
Elba/Toskanischer
  Archipel
Emilia-Romagna
Florenz
Gardasee
Golf von Neapel
Ischia
Italien
Italienische Adria
Italien Nord
Italien Süd
Kalabrien
Ligurien/
  Cinque Terre
Mailand/Lombardei
Malta/Gozo
Oberital. Seen
Piemont/Turin
Rom
Sardinien
Sizilien/
  Liparische Inseln
Südtirol
Toskana
Umbrien
Venedig
Venetien/Friaul

SPANIEN | PORTUGAL

Algarve
Andalusien
Barcelona
Baskenland/Bilbao
Costa Blanca
Costa Brava
Costa del Sol/
  Granada
Fuerteventura
Gran Canaria
Ibiza/Formentera
Jakobsweg/Spanien
La Gomera/El Hierro
Lanzarote
La Palma
Lissabon
Madeira
Madrid
Mallorca
Menorca
Portugal
Spanien
Teneriffa

NORDEUROPA

Bornholm
Dänemark
Finnland
Island
Kopenhagen
Norwegen
Schweden
Südschweden/
  Stockholm

WESTEUROPA | BENELUX

Amsterdam
Brüssel
Dublin
England
Flandern
Irland
Kanalinseln
London
Luxemburg
Niederlande
Niederländische
  Küste
Schottland
Südengland

OSTEUROPA

Baltikum
Budapest
Estland
Kaliningrader
  Gebiet
Lettland
Litauen/Kurische
  Nehrung
Masurische Seen
Moskau
Plattensee
Polen
Polnische Ostsee-
  küste/Danzig
Prag
Riesengebirge
Russland
Slowakei
St. Petersburg
Tschechien
Ungarn
Warschau

SÜDOSTEUROPA

Bulgarien
Bulgarische
  Schwarzmeerküste
Kroatische Küste/
  Dalmatien
Kroatische Küste/
  Istrien/Kvarner
Montenegro
Rumänien
Slowenien

GRIECHENLAND | TÜRKEI | ZYPERN

Athen
Chalkidiki
Griechenland
  Festland
Griechische
  Inseln/Ägäis
Istanbul
Korfu
Kos
Kreta
Peloponnes
Rhodos
Samos
Santorin
Türkei
Türkische Südküste
Türkische Westküste
Zakinthos
Zypern

NORDAMERIKA

Alaska
Chicago und
  die Großen Seen
Florida
Hawaii
Kalifornien
Kanada
Kanada Ost
Kanada West
Las Vegas
Los Angeles
New York
San Francisco
USA
USA Neuengland/
  Long Island
USA Ost
USA Südstaaten/
  New Orleans
USA Südwest
USA West
Washington D.C.

MITTEL- UND SÜDAMERIKA

Argentinien
Brasilien
Chile
Costa Rica
Dominikanische
  Republik

Jamaika
Karibik/
  Große Antillen
Karibik/
  Kleine Antillen
Kuba
Mexiko
Peru/Bolivien
Venezuela
Yucatán

AFRIKA | VORDERER ORIENT

Ägypten
Djerba/
  Südtunesien
Dubai/Vereinigte
  Arabische Emirate
Israel
Jerusalem
Jordanien
Kapstadt/
  Wine Lands/
  Garden Route
Kenia
Marokko
Namibia
Qatar/Bahrain/
  Kuwait
Rotes Meer/Sinai
Südafrika
Tunesien

ASIEN

Bali/Lombok
Bangkok
China
Hongkong/
  Macau
Indien
Japan
Ko Samui/
  Ko Phangan
Malaysia
Nepal
Peking
Philippinen
Phuket
Rajasthan
Shanghai
Singapur
Sri Lanka
Thailand
Tokio
Vietnam

INDISCHER OZEAN | PAZIFIK

Australien
Malediven
Mauritius
Neuseeland
Seychellen
Südsee

> UNSERE INSIDER

Die MARCO POLO Autoren Monika Angerer-Herda und
Jürgen Herda im Interview

Monika Angerer-Herda und Jürgen Herda leben in Bayern, nahe an der tschechischen Grenze. Beide halten sich regelmäßig in der Tschechischen Republik auf – teils berufsbedingt, teils aus privaten Gründen. Jürgen Herda erlernte das Handwerk des Journalisten in der Hauptstadt Prag.

Sie fahren seit 1980 immer wieder nach Tschechien. Wie ist es dazu gekommen?

J. H.: Mein Vater ist in Prachatice geboren, meine Oma hat in Südböhmen immer das halbe Jahr verbracht. Als sich während meines Studiums die Wende anbahnte, wollte ich das hautnah miterleben. Die erste Rede Václav Havels auf dem Wenzelsplatz vor Hunderttausenden Pragern durfte ich miterleben. Später bekam ich ein Stipendium der Deutschen Forschungsgemeinschaft und ging für drei Jahre nach Prag.

Was reizt Sie an Tschechien?

M. A.-H.: Es ist das Zusammenspiel zwischen pittoresken Dörfchen, wildromantischer Natur und schlitzohrigen Schwejk-Figuren. Literatur und Wirklichkeit gehen hier oft ineinander über.
J. H.: Es ist das meist unterschätzte Land Europas. Obwohl der Eiserne Vorhang vor bald 20 Jahren gefallen ist, meinen immer noch viele Wessies, Tschechien sei grauer Ostblock.

Und das ist nicht so?

M. A.-H.: Das Gegenteil ist der Fall: Das kleine Herz Mitteleuropas hat seine

vielen historischen Ortskerne schnieke herausgeputzt. Und die Metropole Prag hat Paris als Mekka der US-Yuppies und Filiale von Hollywood ersetzt.

Sprechen Sie Tschechisch?

J. H.: So lala. Das Sympathische an den Tschechen ist, dass sie, wenn man gerade mal einen Satz radebrecht, sofort loben: „Sie sprechen aber sehr gut Tschechisch." Für meine Arbeit muss ich die – sehr melodiöse – Sprache aber natürlich verstehen und lesen können.

Was prädestiniert Sie als MARCO POLO Autoren?

M. A.-H.: Während einer zweimonatigen Tschechien-Radtour haben wir viele Dörfer erkundet. Bei dieser langsamen Art des Reisens lernt man automatisch Land und Leute kennen, knüpft Freundschaften.
J. H.: Ich kenne den Blick von Außen als Tschechien-Reisender und den als Insider, der hier gelebt hat. Wir verstehen uns als Reisebotschafter, weil wir möchten, dass unsere Leser nicht nur oberflächlich draufschauen, sondern etwas von dem mitbekommen, was das Land in seinem Innersten zusammenhält.

> BLOSS NICHT!

Autodiebe unnötig in Versuchung führen

Möchten Sie hauptsächlich nach Prag, sollten Sie auf das Auto verzichten. Es passiert zu leicht, dass es aufgebrochen oder geklaut wird. Der innerstädtische Stop-and-go-Verkehr lädt außerdem nicht gerade zu Citytouren ein. Mit Metro, Tram und Bus kommen Sie Tag und Nacht preiswert an jeden gewünschten Ort. Anders sieht die Situation in Kleinstädten aus. Dort können Sie die meist bewachten zentralen Parkplätze in der Innenstadt ansteuern. Auf alle Fälle empfiehlt sich zur Abschreckung eine mechanische Wegfahrsperre.

Deutsch sprechen auf Teufel komm raus

Versuchen Sie, sich ein paar tschechische Höflichkeitsfloskeln zu merken, und setzen Sie bei Bestellungen in der Kneipe nicht voraus, dass dort alle Deutsch verstehen. In einem Lokal an Ihrem Heimatort würde man auch etwas pikiert dreinschauen, wenn Tschechen dort in ihrer Sprache einfach drauflosplaudern würden.

Geld tauschen mit Wahnsinnsgebühren

Gehen Sie zum Geldtauschen in eine Bank, oder nutzen Sie (mit ec-Karte und Geheimzahl) die zahlreich vorhandenen Geldautomaten, statt sich in Wechselstuben extrem hohe Gebühren abknöpfen zu lassen. Und kommen Sie auf gar keinen Fall in Versuchung, auf der Straße schwarz zu tauschen. Bei freien Wechselkursen kann man logischerweise nur mit Zeitungsschnipseln Gewinne verbuchen.

Taxiabenteurern auf den Leim gehen

Steigen Sie in Prag nicht in ein x-beliebiges Taxi. Die Standgebühren im Zentrum sind oft so hoch, dass die Fahrer ihr Gehalt durch überhöhte Preise aufbessern wollen. Bestellen Sie stattdessen lieber (auf Englisch) einen Wagen der seriösen Firma AAA *(Tel. 140 14)*. Eine Fahrt vom Bahnhof zur Karlsbrücke kostet ca. 100 Kronen.

Den Begriff „Tschechei" benutzen

Auf eins sollten Sie unbedingt achten: Als Landesbezeichnung hat sich der Begriff „Tschechien" durchgesetzt. Die Bezeichnung „Tschechei", die im Dritten Reich, aber auch in der DDR geläufig war, bringt man in Tschechien mit der nationalsozialistischen Besatzungszeit in Verbindung, weshalb es schon eine Frage der Höflichkeit Ihrem Gastland gegenüber ist, diese Bezeichnung zu vermeiden.

Die Verkehrsregeln missachten

Im eigenen Interesse sollten Sie sich an die Verkehrs- und Geschwindigkeitsregeln halten, absolut keinen Alkohol trinken, wenn Sie Auto fahren und die einschlägigen Pflichtausrüstungen (Verbandskasten, Warndreieck, Ersatzglühbirnen und -sicherungen) mitführen.